EXPO

世博与科技

Technological Innovation in World Exposition

吴 敏 编著

東方出版中心

Contents

目 录

◆ 导　言 / 1

◆ 第1章 / 世博会与工业化 / 1

一、水晶宫

——灵感与科技的结晶 / 2

二、蒸汽火车

——拉响世博会前行的号角 / 9

三、麦考密克收割机

——世博会对农夫的吸引 / 16

四、纺织机械

——从棉花到布艺的技术 / 21

◆ 第2章 / 世博会与工程技术 / 27

一、埃菲尔铁塔

——钢铁杰作 / 27

二、自由女神像

——科技与艺术的完美结合 / 33

三、菲力斯摩天轮

——转动世纪的大玩具 / 38

四、钢筋混凝土

——花匠莫尼埃的灵感 / 44

◆ 第3章 /世博会与电的应用 / 49

一、谁拉开了现代通信的序幕

——电报的改良与世博会 / 50

二、谁吹响了现代通信的号角

——电话的改良与世博会 / 55

三、谁点亮了寒冬的夜空

——电灯的发明与世博会 / 60

四、谁收藏了你昨夜的歌

——留声机的发明与世博会 / 65

◆ 第4章 /世博会与精致生活 / 73

一、胜家缝纫机

——与世博会一起成长 / 73

二、可移动的扣子

——拉链的发明与世博会 / 77

三、一个世纪的冰爽美味

——蛋筒冰淇淋与世博会 / 83

四、无土栽培的奇迹

——1985 年筑波世博会的记忆 / 87

◆ 第5章 /世博会与交通科技 / 93

一、用两轮来丈量世界

——自行车的发明与世博会 / 94

二、自由移动之梦

——汽车的发明与世博会 / 100

三、极速狂飙的地上飞机

——磁悬浮列车的发展与世博会 / 107

四、未来的交通景象

——从爱知世博会看交通发展趋势 / 113

◆ 第6章 /世博会与航空航天 / 119

一、从升天到飞天的轨迹

——飞机的发明与世博会 / 119

二、今夜星光灿烂

——人类首颗卫星升空与 1958 年布鲁塞尔世博会 / 125

三、第一次看到蓝色的地球

——载人航天科技与世博会 / 131

四、敢上九天揽明月

——登月壮举与世博会 / 137

◆ 第7章 /世博会与环保能源 / 143

一、谁动了我的家园

——1974 年斯波坎世博会环保命题感怀 / 144

二、谁动了我的能源
——1982 年诺克斯维尔世博会能源危机叩问 / 149
三、谁带我找回昔日的家园
——2000 年汉诺威世博会生态建筑追忆 / 154
四、谁带我融入自然的睿智
——2005 年爱知世博会环保理念践行 / 161

◆ 第 8 章 / 世博会与中国传统技艺 / 167
一、酒香飘溢世博会
——神秘的东方酿造技术 / 167
二、丝绸竞艳世博会
——精美的中国织造工艺 / 173
三、茶韵传情世博会
——独特的茶叶加工技艺 / 180
四、见证平凡的魅力
——考究的中国传统制造 / 184

◆ 参考文献 / 191

◆ 后　记 / 193

导言

1851年是一个特殊的时间坐标，它开启了世博会一个半世纪的历史。斗转星移，当中国上海在筹备2010年世博会的时候，许多学者已经对世博会的人文历史进行了探究。然而，世博会最厚重的内涵当是科技文明。我们的民族在过去的一个多世纪里，很多时间是在外族侵略和国内战乱中度过的。在内忧外患之中，我们曾经忽略了科技文明在世界其他地方留下的脚步。2008年，作为上海图书馆世博信息中心参考馆员，我应东方出版中心之邀对世博会与科技的发展历史及现状进行了梳理，并辑成此书奉献给广大读者。

在本书的写作过程中，我力图通过一个个鲜活生动、足以照亮岁月的历史细节，让读者体验、感悟世博会曾经展示的看得见、摸得着、听得见的科技文明。早期的科技文明成果对当时的人们有着魔力般的吸引，他们漂洋过海、跋山涉水来到世博园，只求一观一触一听，他们是世博会的参观者，更是人类科技文明的见证者和追随者。值得一提的是，中国的传统技艺也通过世博会扩大了影响力，当时中国展品精准考究的工序安排，让行进在工业化进程的西方国家叹为观止，本书特辟专章对此介绍，以飨读者。当代世博会展现的科技文明成果，对今天的人们是启示，是引领，是昭示未来的标杆。本书撷取世博会与科技的一个个历史片断，恰似推开一扇扇岁月之门，引领读者步入世博科技的历史现场。

科技是世博会最厚重的内涵——过去是，现在是，将来也还是。不同的人对此有不同的理解。如果让一个18世纪的人成为本书的读者，他一定会得出这样的结论：这是一段疯狂到无法想象的历史。而今天的读者会发现，世博会与科技的交织进程是那么曲折而有趣。掩卷长思，百年之后，如果有人记述21世纪的世博会与科技，那又会是一本怎样的书呢？

第1章

世博会与工业化

进入18世纪后，欧洲工业革命的浪潮以不可阻挡的势头迅速推进。改进工具，提高生产效率，成为一股强大的动力，推动着人们去发明、去创造，一场生产手段的革命由此静静地展开。展示工业成果、推广各种工农业机械便成为历史赋予世博会的使命，19世纪的世博会以极大的热情歌颂了工业革命的伟大成果。

19世纪中期，在工业革命的发源地英国，往昔那种田园诗般的风情不见了，代之而起的是一个忙碌的世界——乡村建起了灰色的厂房，城镇竖起了高耸的烟囱，工厂里回荡着机器的轰鸣，高炉前迸射着铁水的光芒。19世纪50年代，英国的城市人口已超过全国人口的60%；铁产量超过世界上所有国家铁产量的总和；煤占世界总产量的三分之二，棉布占全球的一半以上。1851年的英国，火车和汽船已经代替了马车和帆船，当时的英国已拥有22个铁路网络，铁路总长度约13 000公里，相当于今天中国的6条京广铁路。

此时的英国是维多利亚女王统治下的帝国，又被人称为日不落帝国，是世界上最强大的国家。英国人曾这样描述："北美和俄国的平原是我们的玉米地；加拿大和波罗的海是我们的林区；澳大利亚有我们的牧羊场；秘鲁送来白银；南非和澳大利亚的黄金流向伦敦；印度人和中国人为我们种植茶叶；我们的咖啡、甘蔗和香料种植园遍布东印度群岛；我们的棉花长期以来栽培在美国南部，现已扩展到地球上每个温暖地区。"在维多利亚女王丈夫阿尔伯特亲王的提议下，1851年5月1日，伦敦万国工业产品博览会开幕，它标志着第一届世界博览会的诞生。

从此，世博会这一新生事物与工业社会的发展如影随形。1853年美国在纽约举办了万国工业产品博览会，1855年法国在巴黎举办了世界工农业与艺术博览会，

工业革命改变着19世纪欧洲大陆的面貌

1862年英国在伦敦再次举办了伦敦国际工业与艺术博览会，1873年奥地利在维也纳举办了国际工业博览会，1876年美国在费城举办了艺术、工业产品和土壤矿物产品国际博览会……

一、水晶宫——灵感与科技的结晶

1851年初，英国伦敦海德公园内矗立起一座高大亮丽的建筑，作为即将举办的首届世博会——伦敦万国工业产品博览会的展馆。这座建筑从动工到完成仅用了短短5个月时间，它全部由钢筋和玻璃板搭建而成，在阳光照射下通体闪闪发光。中国清朝官员张德彝在参观后曾这样描述它："一片晶莹，精彩炫目，奢华名贵，璀璨可观。"当英国作家道格拉斯·杰罗尔(Douglas Jerrold)将该建筑称为"水晶宫"后，这个浪漫的名称一直沿用至今。

1. 水晶宫的灵感源自睡莲

一位英国探险家于1837年在圭亚那发现一种巨大的美丽的王莲，

便采集种子带回了英国，他把种子交给查丝华斯庄园首席园艺师约瑟夫·帕克斯顿(Joseph Paxton)种植。帕克斯顿把种子放在室内一个盛满温水的浴缸里，设计了一个运动转轮，使水循环流动以模仿原始生态环境。很快，植物开始发芽，3个月后，王莲长出11片巨大的叶子并开出美丽的花朵。帕克斯顿以维多利亚命名王莲Victoria Amazonica Sowerby（中文译为亚马孙王莲），并将其作为礼物送给了维多利亚女王。自此他与阿尔伯特亲王相识并结为挚友。

王莲越长越大。有一天，帕克斯顿把7岁的小女儿抱放在其中一片叶子上观赏花朵，水上飘逸的绿叶居然轻而易举地就承载起他女儿的体重。帕克斯顿翻开叶子观察其背面，只见粗壮的筋脉纵横呈环形交错，构成既美观又可以负担巨大重力的整体。这个发现给了帕斯克顿灵感，一种新的建筑理念顿时在他脑中形成。不久他在为王莲建造温室时，以铁栏和木制拱肋作为结构，以玻璃作为墙面，首创了新颖的温室。他发现建筑除了可以有简洁明快的风格外，建筑构件可以预先制造，不同构件还可以根据建筑大小之需组合装配，这样的建筑成本低廉，施工快捷。这一独特的构造方式也赢得了建筑和工程领域的赞誉。

1849年，英国伦敦万国工业产品博览会建筑委员会向全世界征集

开辟世博会历史的阿尔伯特亲王和维多利亚女王

水晶宫外景

展馆的设计方案，几周后，委员会收到245个应征方案，遗憾的是都不能令主办方满意。建筑委员会也曾组织力量设计了一个集众家之长的方案，结果又遭到了大家的否定。

帕克斯顿听说了此事，也目睹了展馆在征集方案过程中出现的种种风波。他立即毛遂自荐，表示愿意提供自己的建筑方案。他写信给主办方，请求对自己的设计方案进行陈述。他的请求得到了准允，但条件是必须在两个星期内完成方案，并要附有详细说明。此外，建筑结构要求能够同时容纳1万人，并可展示来自世界各国众多的展品；而建筑的本身是个临时建筑，博览会后必须拆除。帕克斯顿接受了设计条件，并声明他会在9天内完成计划。

此后的几天，帕克斯顿在家中夜以继日、通宵达旦地设计，他以立面、剖面图的形式绘制出了建筑的基本形态。1850年6月20日，帕克斯顿带着他的图纸前往伦敦。6月22日，伦敦《新闻画报》再次刊登官方设计方案细节时，建筑委员会见到了帕克斯顿的计划并迅速推荐给组织委员会，同时征求民众的意见。公众舆论顿时偏向了这个新颖别致、优雅美观又是临时性的建筑设计。

1850年7月15日，建筑委员会接受了帕克斯顿79 800英镑报价的建筑，不过，建筑委员会要求在保持原来设计风格的基础上增加建筑物的高度，使一些树木可以罩在屋顶下得以保护。帕克斯顿测得那些树的高度后，便在设计中增加了一个桶状的圆顶。帕克斯顿的设计方案在众人的关注下最终被敲定。

在1852年出版的《为1851年万国工业产品博览会而在海德公园内建造的建筑报告》一书中，作者查尔斯·唐斯对水晶宫这样写道：这个伟大的建筑由钢铁、木头和玻璃制成。钢铁均为铸造件，最重的铸铁是梁架，长24英尺，其余均不超过1吨；木头用于一些梁架、桁架、横梁以及底层走廊地板、指示牌和外墙；玻璃均为10×49英尺的长方形，表面扁平或略带弧度，每平方英尺重16盎司。水晶宫的排水系统由3 300个空心钢柱组成。为了解决玻璃上蒸汽凝结问题，帕克斯顿设计了专用水槽。水晶宫窗条栏杆等也用专门的机器来上漆。在伯明翰的强斯兄弟生产了30万块玻璃，尺寸是当时最大的，他们设计制造了安装玻璃的移动机器车，使工人可以乘着移动机器车在敞开的结构中快速安装玻璃……

整座水晶宫本身就是现代化大规模工业生产技术的一次创造性尝试，是工业化成果的一个结晶。

2. 水晶宫展馆的特点

水晶宫展馆作为一座大型临时建筑，成为领导19世纪博览会建筑空间形式的先驱。与19世纪以至更早的那些在外观上坚固典雅而室内空间封闭保守的永久性砖石建筑相比，水晶宫所获得的明亮、通透的室内空间，开创了建筑史上钢铁与玻璃、快捷与灵巧完美结合的先例。

帕克斯顿的设计以钢铁做框架，用玻璃板做墙，整个建筑通透敞亮，可以快速组装或拆卸。水晶宫工程动工于1850年9月，竣工于1851年1月。建成后的水晶宫长1 851英尺（寓意首届世博会在1851年开幕，约合564米），宽408英尺（约合124.4米），共3层。水晶宫总建筑面积约7.4万平方米，与当今上海大剧院的占地规模相当。从竣工到世博会开幕，有来自世界各地近1.4万名参展者在水晶宫里里外外地忙碌着，将精心挑选的10万多件展品从世界各地运抵此地来布展。这时的水晶宫汇集了当时世界上最伟大、最先进的科技文明成果，展品涉及机械制品、工业品、雕塑作品和原材料等，成为汇聚人类智慧成果的宝库。

水晶宫是对园艺温室建筑及带有玻璃顶的中庭建筑的继承与发展。它在世博

水晶宫内景

会中的出现并不是为了追求一时的时尚，也不是以采光保温为目的，它的贡献在于满足了人类的精神梦想。它以一种崭新的空间形象将人类对未来的憧憬与过去的文明结合起来。在这里，室内与室外的界限变得模糊，人们在宽敞的室内可享受到阳光景物，视线是自由的——既可停留在展品上，亦可透过玻璃幕墙投向辽远的天空。水晶宫摈弃了古典主义的装饰风格，向人们展示了一种新的建筑美学品质，其特点就是轻、光、透、薄。

首届世博会结束后，作为临时建筑的水晶宫展馆被拆除。1854年，水晶宫在伦敦南部的悉登汉姆(Sydenham)山重建，并以此为中心建造了一座占地200英亩的维多利亚式的公园——水晶宫公园(Crystal Palace Park)。之后公园举办了很多大型的展览、庆典和体育活动。遗憾的是，1936年11月30日，水晶宫毁于一场大火。

3. 水晶宫展馆的灵感延续

伦敦水晶宫所体现的宽敞的内部空间、最少的阻隔，以及良好的采光、照明、通风等特点，都是针对当时新兴的展览功能所进行的建筑设计上的改进，是以前传统建筑中所没有的，这些其实也是当代博览会建筑设计的基本要求。因此，人们不必奇怪，直到19世纪末，伦敦水晶宫还成为各届世博会展馆设计的参照。通透的玻璃幕墙几乎在各届世博会上都有体现，而钢铁框架随着冶金技术的发展而发展，或是尺寸上有所突破，或是结构上有新的构思。

1853年纽约世博会董事会是一个私人合伙公司，但合伙人多数具有丰富的政治人脉。董事会主席是游走于欧洲的政治外交家西奥多·塞奇威克(Theodore Sedgwick)，他通过自己的好友——时任美国国务卿的丹尼尔·韦伯斯特(Daniel Webster)，向全世界征集纽约世博会主展馆的设计方案。伦敦水晶宫的设计者帕克斯顿、纽约州议会大厦的设计者利奥波德(Leopold Eidlitz)等提交了设计稿。当时董事会内部对展馆设计方案的选择有两派意见，董事会主席主张采用体现美国特色的新型展馆，而其他成员似乎只钟情于伦敦世博会的水晶宫展馆。结果显然是多数董事会成员的意见占了上风，于是纽约世博会主展馆几乎成了伦敦水晶宫的复制品。1854年11月1日，纽约世博会闭幕，此时该世博会债务总额达到30万美元。董事会立刻着手展馆的后续利用，将纽约水晶宫出租给各种会议和音乐会使用。直到1857年5月，纽约市政府购买了水晶宫。不幸的是，1857年10月，美国协会性机构American Institute的年展正在纽约水晶宫举行，展馆突发火灾。不幸中的大幸是，当时在场内的2 000多名观众及时安全撤离，而纽约水晶宫连同现场的展品在半个多小时后全部化为灰烬。

在筹建1855年巴黎世博会时，拿破仑三世对展馆的设计要求是“以伦敦水晶宫的规划为基础”，于是，法国在1852年广泛征集世博会工业宫的方案。结果建筑师让-马利-维克多·维埃尔(Jean-Marie-Victor Viel)和工程师德雅丹(Desjardin)的合作方案胜出。他们的设计思想就是尽可能地接近伦敦水晶宫，同时结合铸铁材料的新发展，例如在拱架宽度上突破伦敦水晶宫的尺寸。1862年伦敦世博会，展馆仍然延用水晶宫的风格，展馆表面用玻璃和钢铁框架，只是在展馆入口处装饰了雕塑。这次使用的玻璃还装饰了金银细丝，使之在阳光照射下更加熠熠生辉。1867年巴黎世博会，展馆采用圆环形布局，其层叠的顶棚也采用了玻璃和钢铁框架。1876年费城世博会、1878年巴黎世博会以及1889年巴黎世博会的机械宫，钢铁框架在交接形式上有所变化，但都透露出来自帕克斯顿的灵感。

4. 中国少年眼中的水晶宫

时光流转，在21世纪的今天，当水晶宫的历史资料在上海图书馆向公众展示时，一个孩子睁大了眼睛看着油画家笔下的水晶宫，他似乎有所联想，拉着妈妈的手大声说："这和我们学校的玻璃花房很像。"周围的人听到孩子的话都露出了善意的微笑，具有里程碑意义的水晶宫建筑如何与平凡的玻璃花房相像？似乎这孩子的想法只有天真和幼稚。孩子的母亲有些不好意思，连忙制止儿子别再出声。这时一位著名建筑教授走过来，和蔼地对孩子说："你是一个聪明的小朋友，你有一双智慧的眼睛。"他转向众人说："水晶宫的设计者J. 帕克斯顿就是一位服务于英国贵族的园艺师，正如这位小朋友所说，帕克斯顿正是采用了花房式框架玻璃结构设计了首届世博会的陈列大厅。"是啊，一个朴实的中国孩子，没有经过任何解说就看懂了水晶宫，他使我们对经典的创意与平凡的生活之间的联系有了更多的感想。

在烈火中消逝的水晶宫成为世博会永久的记忆

水晶宫作为建筑实体已经不存在了，永远从我们的视野中消失了。然而，水晶宫犹如一颗耀眼的明星，将永远在人们的记忆中闪烁。首届世博会后的19世纪下半叶，在欧洲和美洲举办的数次博览会，很多展厅都效仿水晶宫的设计灵感，使框架玻璃结构一时成为建筑领域流行的时尚；一个半世纪后的今天，一个中国孩子可以用他的心灵和双眼去感知水晶宫。这不是巧合！水晶宫作为世博会历史中经典展馆的意义，它可以历经时光的流逝而仍然留在人们的记忆中，它可以感动不同国度、不同文化、不同时代、不同年龄的人们，甚至不需要过多的语言或文字来阐释。

二、蒸汽火车——拉响世博会前行的号角

在1851年伦敦世博会的机械展区内，蒸汽机和蒸汽火车头是令展出国异常骄傲的展品，因为在那个年代，这两件展品是体现一个国家产业水平、科技力量的标志。国与国之间通过对比蒸汽机和蒸汽火车头的规格与品质，可以揣摩、衡量对手的工业实力；商业对手通过研究提高蒸汽机和蒸汽火车效率的措施，可以改良原有技术，抢占工业化时代的先机。

以后，无论是在欧洲还是美洲，蒸汽机和蒸汽火车伴随着世博会的历史一路走来。1876年费城世博会上，考立斯蒸汽机高13米，重56吨，牵引力达1 400马力。设计者考立斯亲自开启蒸汽机，当巨大的蒸汽机运作时，人群中响起了震天动地的欢呼声。考立斯蒸汽机成为1876年费城世博会的标志。曾经有多少次，蒸汽火车头作为展品骄傲地陈列在世博会的舞台上；又有多少次，世博会主办者为方便参观者，开辟专门的火车线路将参观者直接迎往世博园；还有多少次，蒸汽火车将无数精彩的世博会展品运往展馆，又将煤炭运进世博园作为蒸汽机燃

早期世博会展出的蒸汽机车（虚拟模型）

早期世博会展出的蒸汽机车示意图

料，向展馆供应能源。

1. 英国曾禁止蒸汽机的出口

蒸汽火车的心脏是蒸汽机，蒸汽机也是早期世博会的核心展品。蒸汽机的出现改变了人和自然的关系，从此人类结束了在自然面前一筹莫展的孩童时期，在喜怒无常的大自然面前第一次感受到了自己的力量。蒸汽机第一次解决了人类大规模制造和利用动力的问题，对近代工业的影响是不可估量的。如果说早期世博会是工业革命进程中飘扬的旌旗，那么瓦特(J.Watt，1736~1819)就是第一位伟大的旗手。鲜为人知的是，蒸汽机发明后，英国不许蒸汽机出口。1810年前后，英国颁布了一个法令，凡是将蒸汽机和机器出口的，处以死刑。为此，德国人采取了把英国专家威尔金森(John Wilkinson)请到自己国家的办法，在德国办了个工厂。尽管英国采取了极端的措施来禁止蒸汽机出口，但是技术的传播是无法禁止的，后来英国无计可施，对这条法令的执行也就松懈下来了。

终于，英国伦敦世博会主办者骄傲地展示了蒸汽机和蒸汽机车，发明者瓦特的名字也随之传遍了世界。瓦特发明的蒸汽机是一件令人充满希望的展品，人们精心装饰着它的轮毂与机身，使它看起来不那么笨重。在此，就让我们像首届世博会的参观者一样，满怀敬意地回顾瓦特发明蒸汽机的那一段往事吧。

瓦特出生在英国格拉斯哥市附近的一个小镇。1763年，当了机修工的瓦特在维修一台纽科门蒸汽机时，萌发了改进和设计蒸汽机的念头。纽科门蒸汽机在当时英国的矿山和煤场中广泛使用，但这种蒸汽机只能做缓慢的往复运动，应用范围非常有限。于是，瓦特先后发明和设计了分离式冷凝器、可调节阀门、汽缸绝热层、行星式齿轮、平行运动连杆机构、离心式调速器、压力计等，于1769年制造出第一台样机，其能效比纽科门蒸汽机提高了5倍以上。后来，瓦特又发明了旋转式蒸汽机，并使蒸汽机成为广泛使用的通用动力装置。到18世纪末，经瓦特改良的蒸汽机终于凭借提高的效能得到了应用者的承认。

瓦特逝世后，人们在他的讣告中这样形容他改进的蒸汽机："它武装了人类，使虚弱无力的双手变得力大无穷，健全了人类的大脑以处理一切难题。它为机械动力在未来创造奇迹打下了坚实的基础，将有助并报偿后代的劳动。"

恩格斯在《自然辩证法》中指出："蒸汽机是第一个真正国际性的发明……瓦特给它加上了一个分离的冷凝器，这就使蒸汽机在原则上达到了现在的水平……蒸汽机在社会领域中实现了巨大的解放性的变革。"蒸汽机迅速点燃了工业革命的火种。至18世纪末，蒸汽机在采矿、冶炼、纺织、机器制造、交通等行业中广泛推广。

2. 蒸汽火车的发展轨迹

早在1803年，一个名叫特拉维西克的英国矿山技师最早利用瓦特的蒸汽机造出了世界上第一台蒸汽机车。这是一台单一汽缸蒸汽机，能牵引5辆车厢，它的时速为5~6公里。这台机车没有设计驾驶室，机车行驶时，驾驶员跟在车旁边走边驾驶。因为当时使用煤炭或木柴做燃料，所以人们都叫它"火车"，于是这个名称一直沿用至今。但是这台机车有很多缺点，经常出事故。1812年有人在铁轨上试行改进，但没有成功。到了1813年又有人为解决铁轨打滑问题进行了改进，也没有成功。

就在这时，一位名叫斯蒂芬森(George Stephenson)的普通技工专程来到瓦特的故乡，深入研究瓦特蒸汽机的构造。经过刻苦钻研，他终于掌握了蒸汽机的工作原理，在试制蒸汽机车的过程中总结出许多经验。1814年，当斯蒂芬森33岁时，他终于

19世纪蒸汽机车实物图片

造出了第一台蒸汽机车。这台机车有两个汽缸，能牵引30吨货物，时速7公里，还可以爬坡。斯蒂芬森的火车大大提高了前人试制机车的效率，他所创造出的这种新的陆路运输工具，开创了运输事业的新时代。但这种火车仍然有许多不足之处。由于翻车事故，造成人员伤亡，因此有人说它不如马车安全；蒸汽机喷气时产生强烈的噪音，惊吓了牛马，所以一些人阻挡、反对使用火车。斯蒂芬森又对火车进行了改进，其中最重要的是减少噪音。

1823年，斯蒂芬森作为总工程师，完成了从斯托克顿到达林顿的世界上第一条40公里长的商业性铁路工程。起初这条铁路不是为行驶火车而铺设的，而是为马车运输铺设的。经斯蒂芬森的努力，终于促使英国政府同意让火车在这条铁路上行驶。1825年9月27日，当由斯蒂芬森亲自驾驶他自己制造的“运动号”机车，载了450名旅客，以时速24公里从达林顿驶到斯托克顿时，铁路运输事业由此诞生了。

从此，火车终于被世人承认。斯蒂芬森被世界公认为火车的发明人。到1828年，马力运输被机车运输所取代。这一年在莱茵希尔进行了一场机车比赛，参加比赛的有3人，斯蒂芬森驾驶着他的“火箭号”机车以每小时58公里的速度行驶了100公里，战胜了对手“桑士巴里号”和“新奇号”，取得了优胜。

3. 蒸汽火车一路行来

远远地，森林里响起蒸汽火车的吼声，“轰——”，巨大的轰鸣声响彻天际。白色的烟雾随即弥漫在上空。时间好像拉得长长的，天尽头，终于出现了一个黑点。渐渐地，黑点变成了黝黑的蒸汽火车头。“火车来了！——”激动的人群潮流般涌去……

尽管曾有人担心火车的轰鸣声会惊吓马匹，但历史潮流不会因此而停下脚步。在轰鸣声中，蒸汽机车牵引着长长的货厢呼啸而来，那震撼大地的汽笛声、庞大的车头、滚滚而来的巨轮和那强劲有力敲击钢轨发出富有节奏的声音深深冲击着人们的心房，给人以力量、振奋和激动。这个庞然大物，用它那壮汉般的钢铁肩膀摇动着巨轮，喷吐着滚滚蒸汽，以气吞山河的气魄奔驰而过；它怒吼着，仿佛在向世界发出最后的宣言。

蒸汽机车的轰鸣传遍了世界。美国的蒸汽机车制造业迅速崛起，到了1915年，著名的西屋公司在巴拿马世博会上展出了具有最新技术的蒸汽机车。而在古老的的中国，洋务运动代表人物李鸿章最先授意开平矿务局奏请修建唐胥铁路。为避免清政府中的顽固守旧派以机车响声会震动皇陵为借口予以否决，李鸿章声明在建造过程中使用骡马拖拉煤车。铁路于1881年6月终于建成通车。用骡马拉煤车效率当然很低，于是按照李鸿章的意愿，中国工人和技术人员经过反复修造试验，终于制成了一台蒸汽机车。这时清廷仍以火车会震动皇陵，黑烟会熏坏庄稼为由，下令禁止火车行驶。后经李鸿章多方疏通，

西屋公司在1915年巴拿马世博会上展出的蒸汽机车

这台我国自制的蒸汽机车才开始得以启用。然而，蒸汽机车在此时的中国终究没有走出很远。

4. 体验最初的蒸汽火车

最初的火车，在客车车厢内除有座位以外，没有别的服务设施。随着火车的改进，旅客人数逐渐增多，火车逐步增添了一些服务设施，但仍然非常简陋。人们要凭手写车票乘车，利用蜡烛实现车厢里的照明，利用火砖驱走风中严寒，邮件都被堆放在行李房。

世界第一条铁路——英国斯托克顿至达林顿之间的达林顿铁路自1825年9月27日正式运营以后，主要进行货物运输，旅客很少，没有专门供旅客使用的火车票。英国利物浦—曼彻斯特铁路于1830年9月15日开业后，才开办了定期的旅客运输业务，并于当月17日开始使用专门的火车票。当时的火车票长88毫米、宽60毫米，除印有本站名外，乘车日期、开车时间、到站、售票员姓名等都由售票员临时填写，故售票很费时间。由于旅客日益增多，售票速度缓慢，后来才发明了印票机和存放车票的架子，并申请到了专利。

最初的火车客车车厢内用蜡烛照明，1850年改用油灯照明，1875年左右发展为瓦斯灯照明。因为蜡烛、油灯和瓦斯灯光线不足，使用不便，从1881年开始使用电灯照明，一直到1886年，火车上才出现了比较完整的照明装置。

早期的火车上，冬天没有取暖设备，直到19世纪50年代，才开始出现用火砖取暖。一般取暖的方法是：先把一块砖烧热，再装进一个铁盒内，放在座位下，供旅客取暖。每三四个小时换一次。由于火砖散发的热量小，起不到多大的防寒作用。直到19世纪70年代，才改为火炉取暖，以后逐步发展为现代的各种取暖装置。

在火车发明之前，人类的通信方式十分落后，主要依靠骑马送信。自从英国出现铁路以后，火车不仅谱写了人类交通运输的新篇章，也为邮政事业的发展开辟了新道路。1836年，英国的一位火车司机从利物浦给伦敦邮政总局局长带来一封请柬。局长收到后感叹不已，连声称赞：邮途数百英里，即日可达，堪称高速！从此，铁路便和邮政结下了不解之缘。刚开始，只能在车内放行李的地方挤出弹丸之地放邮件，由于工作不便，常常出错。随着铁路和邮政事业的发展，英国于1838年起，在列车编组中加挂了专门的邮政车厢。

（左）在1986年温哥华世博会上展出的蒸汽机车模型
（右）今天的蒸汽机车——即将消逝的风景线

5. 蒸汽火车最后的历史舞台

1955年，美国还是一幅蒸汽火车遍地跑的景象。然而，仅仅5年工夫，蒸汽火车就从美国主要干线上销声匿迹，让位给了新一代火车。对于1960年代以后出生的美国人来说，蒸汽火车已成为历史遗物，进入了博物馆的交通史陈列室。在1986年温哥华世博会上，主办方展出了蒸汽机车模型，表达对以蒸汽机为代表的工业革命时代的怀念。

1988年，中国铁路干线停止了蒸汽火车的使用。2003年，蒸汽火车在中国铁路线的应用基本消失。内燃机车和电力机车得到了广泛应用。2002年，上海建成了中国第一条磁悬浮列车。蒸汽火车的消逝，成为一个时代的结束。

然而，人们并非无缘再见到这活生生地吐着滚滚浓烟的怪兽。现在它们还会在多条旅游线路上奔跑，有的只在平原漫游一阵，有的却喘着粗气向高山坡地推进；有的只在周末运营，有的则编制了每日时刻表，风雨无阻。经营业主和乘客，都是一些对蒸汽火车有深厚感情的人，他们想从中寻找一点乐趣，或者寄托些许怀旧情感。单是听听机车粗重的吼声和车厢在接轨处发出的均匀的嗒嗒声，你就会觉得这本身就是在上一堂蒸汽时代的科技历史课。

三、麦考密克收割机——世博会对农夫的吸引

(上)自古农人多艰辛
(下)在收割机发明之前,丰收的喜悦中浸透着血汗

自古农人多艰辛。这是我们记忆中熟悉的画面:丰收的季节，金黄的海洋里一个又一个辛勤的农夫在收割着洒了一年汗水下来的结晶,泥土压弯了他们的腰,风霜雕刻着他们的脸。他们日出而作,日落而息。他们在风雨中耕耘,在汗水中收割,世世代代,默默劳作。然而,历史终于为他们——地球上最辛苦的耕耘者送来了福祉，依傍工业革命的推进而迅速发展的农业机械化正席卷整个欧美大陆,农夫们终于体验到科学技术带来的关爱和呵护。

在世博会金碧辉煌的大厅里，农夫们身着蹩脚的正装在张望,他们不是来开阔眼界和增加见识的,也不是来欣赏高雅的艺术作品，更不是来感受令人神往的异域风情的。他们是带着自己的农耕、农牧和农林产品,用丰硕优良的劳动成果来向人们展示的——也许有人愿意出更好的价格来购买它们，使他们在下一个不景气的年景里能有可依赖的少许积蓄;另一方面,他们心情激动地关注着琳琅满目的农业机械产品，那些意味着能使他们的双手、双脚和臂膀从世代繁重的劳动中得到解脱的展品,这对于祖祖辈辈从不敢奢望过上闲适生活的农夫而言,似乎有了隐约的期待。听说,有一种机器十分省力,用两匹马一天能脱粒清筛100蒲式耳的麦子（1蒲式耳=35.233升);听说,有一种用于筛分的机器,还能区分筛选大蒜和麦子;听说,有一种专门适用于高坡的耕耘犁具,还有坐着就可以收割小麦的机器……

1. 美国的农林牧产品及技术展示

19世纪上半叶,美国协会性机构American Institute组

织的农产品年展具有广泛的影响力。

早在1829年，American Institute就开始在纽约组织博览会，并且形成年展，年展每年吸引约3万名参观者。American Institute将展览设在尼布罗花园 (Niblo's Garden)，邻近纽约市中心。参展者均为展品的拥有者或新发明的所有人，代表个人或商户而不是国家。展品来自世界各地，涉及农牧产品、动植物新品种、新型机械和新发明（如专利产品）。American Institute还设立奖金鼓励参展者通过自由竞争得到荣誉，这样就激励参展者尽力带来最好的展品。例如，在家畜展览上，来自世界各地的近百种牛参加了展览，其中荷兰牛经过评选获奖，其主人（可能是位美国人）因此获得了奖金。

尤其值得一提的是，在1853年纽约世博会的当年，American Institute的年展照例在纽约进行。在这一年的新技术展示中，一位在北京生活多年的俄国人详细介绍了中国的制炭技术和炭窑，当时其他国家的木炭制备率在25%左右，而中国的炭窑使木炭制备率达到了35%以上，这是非常引人注目的。在农产品展示中，有300多笼共900多只鸡参加了家禽类角逐，来自中国上海的"浦东鸡"因其高大壮硕的种型格外引人注目。在果品类展示中，中国的蟠桃（俗称扁桃）也因与众不同而被记载入册。遗憾的是我们无法考证是谁将这些中国特产带到了大洋彼岸，他是如何运送又是如何保鲜的呢？偶尔浮现的历史片断让今天的我们匪夷所思。

2. 改变农夫生活的麦考密克

赛勒斯·霍尔·麦考密克（Cyrus Hall Mc Cormick），1809年2月15日出生于美国弗吉尼亚州的石桥县。麦考密克发明的收割机，最先被伦敦的《泰晤士报》描述为"一种好像混合手推车、马车和飞行器的装置"，在1851年伦敦世博会上获得嘉奖，随后又在纽约世博会、维也纳世博会和巴黎世博会上获奖。法国科学院赞扬麦考密克"对农业做出了超过一切人的最大贡献"。1853年，麦考密克收割机售价为115美元，连割草机的价格为140美元。为了使每一个想要买麦考密克收割机的人都能买得起一台，麦考密克还采取了分期付款、折扣销售和还款担保等措施。难怪洛克菲勒在给自己儿子的信中称"麦考密克懂得如何将收割机变成收割钞票的镰刀"。

麦考密克，一个农民和发明家的儿子，在属于家族的532英亩（1英亩约合40公亩）连绵起伏的农场上长大，是家里8个孩子中最大的一个。在麦考密克1831年发明他的机械化收割机之前,美国80%的工人在农场里工作。而到19世纪30年代,这个数字已经下降到仅仅为2%。如此急剧的下降,使劳动力从枯燥的农业手工劳动中解放出来而可以从事更好的工作,这主要归功于麦考密克和他的“弗吉尼亚收割机”。

麦考密克最初研制的收割机虽能收割小麦,但割下的小麦乱七八糟,收集整理极费人力。1831年夏天,22岁的麦考密克用自己的马拉着收割机在弗吉尼亚石桥的约翰·斯蒂尔农场上收割小麦,围观的人们——农场主、农民和奴隶,见证了农业机械化的开始。这种收割机是麦考密克马不停蹄地工作了6个星期来完善的,由两匹马牵引,装有地轮驱动的切割刀、拨禾轮和集穗台,它已具备了现代收割机的基本结构。它不仅能够将麦子割下,还能自动整理好割下的麦子,整齐地堆放在后面的工作台上,收割速度比人工快3 倍。为减轻农夫在机器旁边走动的辛苦,麦考密克设计了一个凳子,这样农夫可以坐在收割机上进行收割。更为有趣的是,收割机器常带有附属装置——餐车。它被挂在机器的尾部,跟随着收割机一同前进,其目的是便于主妇及时为劳动者提供食物。这与中国农民把瓦罐、食物摆放在田间地头的生产情景形成鲜明的对照。

麦考密克并不是第一个发明收割机的人,其他人,像奥贝德·赫西(Obed Hussey),也有过同样的思路。1834年,麦考密克为他的脱粒机申请并获得了14年期限的专利权,而奥贝德已于一年前为他的收割机申请了专利。然而麦考密克最终依靠自己的营销天才使他的机器成为了市场标准。尽管收割机具有明显的优点,但是在进行市场推广时仍然遇到麻烦。麦考密克迅速着手改变这种处境,他开始在消费者的心里消灭竞争对手。1843年,他与竞争对手展开面对面的最后决战,决战中,在对手奥贝德·赫西收割2英亩地的时间内,麦考密克用自己的收割机收割了17英亩地,以绝对的优势吸引了所有消费者。两种机器性能差异的消息很快传遍四方。

接着,麦考密克自己发展了一套许可证制度——向附近市场的制造商发放制造麦考密克收割机的许可证。在一些情况下,协议是以特许经营模式操作的,即承包者在一块土地上进行全套独立经营并上缴特许经营的费用;在另外一些情况下,承包者每制造和销售一台麦考密克收割机,就付给麦考密克20美元。1840年,麦考密克从他的胡桃林基地卖出了两台机器——但两台都坏了。第二年,他卖出了7台。

1840年代的麦考密克收割机

1844年，仍然是在弗吉尼亚山谷，产量上升到75台，其中25台的生产得到制造许可。1849年，在芝加哥新工厂完工之前，麦考密克的公司共生产了1 500台收割机。

3. 麦考密克收割机的发展

由于热爱自己的老父亲——罗伯特，麦考密克一直留在自己的家乡办企业。当老罗伯特在1846年去世以后，继续留在偏僻的胡桃林基地的理由似乎不存在了。尽管麦考密克在1846年制造了75台收割机，但这与市场的需求还相差很远。这一认识使麦考密克做出决定：1847年将公司搬迁至芝加哥。在芝加哥，麦考密克在芝加哥河畔建立了一家新的工厂。超过7 500平方英尺（1平方英尺约合0.09平方米）的工厂和河边占地，使得通过河流运输成品机器成为可能。这促使麦考密克迅速扩大生产。1859年，麦考密克的另一个新工厂建成，产量扶摇直上，达到每年4 119台。

到1860年，全国70%的小麦收割使用了麦考密克的收割机。在收割机出现之前，收割1英亩小麦需要花费一个人40个小时的时间。利用麦考密克的收割机，两个人在几小时内就可收割1英亩的小麦。在19世纪50年代的10年里，美国小麦产量从1亿蒲式耳（1蒲式耳约合36升）上升

现代收割机极大程度地使农民从繁重的体力劳动中解放出来

到1.73亿蒲式耳。

麦考密克70多岁时仍然成功地掌管着他的企业。那简直是一个壮举,因为公司遭受过几次严重的挫折。1861年美国内战爆发后,生产陷入淡季。在这段时间,麦考密克抓住机会向欧洲促销机器。然而,在1871年,公司遭受了灭顶之灾:芝加哥的一场大火毁灭了麦考密克价值1.88亿美元的工厂财产。1873年,不屈不挠的麦考密克建造了一家更大的工业综合体,其面积超过160英亩。晚年,麦考密克成功地将他的事业推向国外:把收割机带到了太平洋沿岸和南美洲。1884年,麦考密克去世,公司平稳地过渡到他有胆有识的儿子塞勒斯·麦考密克手中。

后来,麦考密克的子孙在他的基础上合并了其他公司,于1902年组成国际收割机公司。至今,该公司仍是世界农机制造业方面的最大公司。1907 年,最早的可供实用的联合收割机在美国诞生了。这种联合收割机用畜力牵引,但由装有蒸汽动力装置来带动脱粒部分的运转。由于蒸汽机过于笨重,影响了联合收割机在田间的作业,不久后人们将其改进为小型汽油机。联合收割机真正开始普及使用是在1927年前后,美国的小麦产区首先推广了汽油拖拉机牵引的联合收割机。

这时的联合收割机已出现风选和装袋等功能。英、法、德等国于1920 年，苏联于1923 年起，分别从美国引进联合收割机并加以改进。1940 年前后，美国开始推广使用自走式联合收割机，而苏联也停止了牵引式联合收割机的生产，并逐步用柴油机取代汽油机。

如今，机械化几乎进入农业生产的每一个环节和领域，如出现了种树、采摘蔬菜的种树机、摘土豆机等；整地、播种、耕作、除草、收获、加工、装载以及运输的各个环节均实行机械化操作。现代联合收割机已采用空调和防震、防噪声驾驶室、液压操纵和电子监测自动控制装置等。1974年世界上已出现程序控制、全自动、无人驾驶的样机，联合收割机日益朝自动化和适应性强的方向发展。目前在各国的大型农场里，到处都可以看到联合收割机在丰收的田野里纵横驰骋，实现了收割、打捆、脱粒和脱壳、风选过程的机械化和自动化。

今天，收割机的制造已成为一种寻常的事业，但麦考密克的名字，就像爱迪生和贝尔一样，代表着美国社会的一面旗帜。美国人永远都不会忘记，是麦考密克将广阔的布法罗平原变成了“美国的早餐”。

四、纺织机械——从棉花到布艺的技术

衣着是人类的基本生活需求。不知道从何时起，纺纱成为女性生活的一部分，悠悠岁月与长长纱线一起让皱纹攀上曾经年轻的额头。

在早期世博会上，各种纺织机械的陈列处总是人气最旺的地方。当时几乎每一个欧洲家庭里的孩子，对纺织机发出的声音都不陌生。尽管纺织生产已经工业化，但家里古老的架式纺织机都还没有被废弃，不少人的童年记忆总是与母亲的家用纺织机有着千丝万缕的联系。

美国的“环锭纺纱机”在欧洲世博会上的亮相，使纺纱机发源地——欧洲的人们多少有些意外。发明“环锭纺纱机”的美国主人非常谦虚，他说他的立式纺锤的设计是建立在英国“珍妮纺纱机”的基础上的，这让骄傲的英国人多少挽回了些面子，重又向美国人描述起“珍妮纺纱机”的历史。

法国里昂送展世博会的是图案绚丽、精美绝伦的丝绸锦缎，这些展品被参观世

（左）悠悠岁月与长长纱线让皱纹攀上曾经年轻的额头
（中）人类最早的纺纱工具十分简单
（右）早期世博会曾展出的纺车

博会的夫人、小姐们视为珍品；同样来自里昂的雅卡尔提花织布机则受到先生们的尊重，因为它曾得到法国皇帝拿破仑的直接褒奖。人们不能忘记它的发明者雅卡尔——一个裁缝的儿子。若干年后，又有人重新研究起这件古董式的提花织布机，认为它是现代电脑原理设计的最初灵感来源。

1. 珍妮纺纱机的由来

人类最早期的纺纱工具十分简单，只包括一个纺锤和一根卷线棒。使纺锤像陀螺那样旋转，就可以把松散的纤维捻紧成纱，然后缠绕在卷线棒上。这种原始的工具经印度人改良后制成了纺车，以机械替代手工旋转纺锤，但还是只能纺出一根纱。飞梭织布机使织布的效率高于生产其所需原料的纺纱的效率，出现了“纱荒”现象。为此，英国工程师哈格里夫斯(Hargreaves，1720~1778)于1763年发明了“珍妮纺纱机”，它提高了纺纱效率，满足了织布对原料的需求。“珍妮纺纱机”的诞生，是200多年前英国工业革命的一个重要标志，在纺织史上具有重要意义，恩格斯曾把它称为“使英国工人的状况发生根本变化的第一个发明”。而这一机器在发明过程中还有一段有趣的故事。

那是1767年的一个清晨，纺车的“嗡嗡”声在寂静的清晨急促而单调地响着。因为织布用上了“飞梭”，织布的效率大大提高，一台织布机由十几个女工纺纱都供应不上。纺纱工被赶得日夜不停，手忙脚乱。就这样，织布工还常常因停工待料，闲在家中。哈格里夫斯是一个织布工，他妻子珍妮是个纺纱工。这天，他又在家闲着，但闲不住的他笨手笨脚地纺起纱来。

自从织布用上新发明的“飞梭”以后，哈格里夫斯就一心想把旧的手摇纺车改造改造，让一个人纺的纱能顶好几个人，以此解决纺纱供不上织布的难题。他正边纺纱边思考着，妻子珍妮叫他吃饭。哈格里夫斯站起来，一不小心，把纺车碰倒了。纺车上的纺锤从水平变成垂直，立了起来，但仍骨碌碌地转动着。哈格里夫斯望着直立着转动不停的纺锤出神，他忘记了吃饭，兴奋地把妻子喊来：“珍妮，你看！原来纺锤

家庭用旧式手摇纺车

立着也能转动！那太好了！”纺锤慢慢停下了，他又用力拨了一下，让纺锤继续转动。他说：“如果在一个框子里并排立上几个纺锤，用一个纺轮带动它们同时转动，不就可以同时纺出几根纱了吗？”妻子珍妮也被他的新发现打动了，鼓励他赶快做一个试试。简单地用过餐后，哈格里夫斯立即动手做了个立式纺锤的纺车，在1个框子上并排安置了8个纺锤，用手轮一摇，同时便纺出了8根纱来。也就是说，用这样的机器，1个人能顶8个人。

世界上第一架立式纺纱机就这样诞生了。因为哈格里夫斯是把妻子珍妮的纺车碰倒后才引发的创造灵感，所以他就给这种纺纱机起了个名字叫“珍妮纺纱机”。以后，又经多次改进，纱锭从8个逐步增加至18个、30个、80个，效率极大地提高了。“珍妮纺纱机”很快被各工厂采用，从根本上缓解了一度困扰着英国纺织业的“纱荒”。

2. 并不遥远的织布声

19世纪早期的法国里昂是世界闻名的丝织之都，里昂的丝织工人们织出的丝绸锦缎图案绚丽，精美绝伦，被人们视为珍品。然而工人们当时使用的工具却是质量低劣、效率低下的老式手工提花织机。这种机器需要有人站在上面，费力地一根一根地将丝线提起、放下，才能织出精细复杂的丝绸，就好像演员在操纵提线木偶。

1804年前后，一个名叫约瑟夫·马利·雅卡尔（Joseph Marie Jacquard，1752~1843）的法国发明家，一个裁缝的儿子，发明了第一台提花织布机（Jacquard Loom）。这种革命性的织布机利用预先打孔的卡片来控制织物的编织式样，速度比老式手工提花机快了25倍，就好比从自行车到汽车的飞跃。他设计了一种方法，在厚纸板上打出有图案的孔。一根特殊的线通过每个孔控制组成编织经线中的某一根纱，带着那根纱一起移动进入织布机的下一操作；如果孔被堵住，线就停下来脱离这一操作。一排孔代表在织布机的某个指定操作中要织的一排纱线；在纸板上打出一排排孔就可以表示出复杂的图案。很多个板构图便可生成精致的织物和家庭装饰布料了，并且它们可以重复使用。从二进制意义上来说，这也许是第一台可以“编程”的机器，每个穿孔就相当于二进制计数法中的1或0，尽管雅卡尔从未将其用于数学目的。

当时的法国手工裁缝们将雅卡尔织布机看作是对自身生计的威胁，所以出于自我保护而烧掉一大批雅卡尔织布机，他们甚至对雅卡尔进行人身攻击。然而这种革新所带来的商机最终超过了反对改革的恐惧。热衷于科技和工业的法国皇帝拿破仑特别嘉奖了提花织布机的发明者雅卡尔，并且允许他向每一台投入生产的雅卡尔提花机抽取专利税。到1812年，大约有11 000台穿孔卡片织布机在法国投入使用。

3. 纺机在实践中不断发展

200多年的时间过去了，现在各种纺纱厂用的纺纱机已经更新过好几代，非常先进了，但是，纺纱机立式纺锤的设计，还是保持着哈格里夫斯当年创造的样式。由于工序上的前后衔接，要求纺纱机和织布机在效率上能相互匹配。因此伴随着纺纱机的发展，织布机也不断革新。

1769年，英国发明家查理·阿克赖顿（Richard Arkwright）发明了用水轮驱动皮带转动的“水力纺纱机”，并获得发明专利。“水力纺纱机”比“珍妮纺纱机”的效率更高，纺出的纱线结实而紧密。

1779年，克朗普顿（S. Kelangpudun）的纺纱机发明成功。克朗普顿也是英国人，他曾做过纺织工人，使用过“珍妮纺纱机”，熟知它的缺点。经过数年的苦心钻研，克朗普顿终于制成了“走锭纺纱机”。由于该机器兼具“珍妮纺纱机”和“水力纺纱机”之优点，所以英国人戏称其为“骡子”，以后就定名“骡机”。“骡机”纺出的纱线细而坚韧，在当时的纺织厂中用得很普遍。

1828年，美国人发明了“环锭纺纱机”，其效率之高简直不可思议，超乎人们的想象。在这种机器上，粗纱由高转速滚筒输送，这样就把粗纱拉制成较细的纱，然后由回转的钢丝圈将纱线捻绕于纱筒上。现代的纺纱业普遍使用的是“环锭纺纱法”。环锭纺纱机规模很大，每台机器最多可装500个锭子，锭子转速超过每分钟2 000转，纱筒绕满后可自动更换，因而生产效率很高。进入20世纪后，纺织工业更是取得了长足的发展，纺织女工的流水线工作场景成为一道历史的风景。

1965年，捷克人又造出一种更快速的新式纺纱机，名叫“转子纺纱机”。它的基本部件是一个转速高达每分钟60 000转的转子，它的产纱速度是环锭纺纱机的6倍。到了20世纪70年代，很多国家纷纷采用了这种纺纱机。

以后，发明家们又在前人的基础上，先后发明了诸如净棉机、梳棉机、自动卷纱

20世纪初的纺织机械化生产

机、漂白机、整染机等机械，使人类的纺织业实现了机械化。总之，纺织技术在过去200多年时间里，曾经有过发展和大发展的历程。

但是在20世纪70年代后，纺织业出现了严重的衰退。以美国为例，纺织生产设备、企业和职工数锐减，许多工厂倒闭，职工失业。作为传统工业的纺织工业被业内外人士定为“夕阳工业”。然而90年代以来却出现了奇迹。美国的纺织工业竟然摆脱了困境，逐渐复苏并呈现出兴旺景象。这一现象不能不令人吃惊、深思。人们不禁要问，究竟是什么原因、什么力量，使美国的纺织工业“起死回生”？其实，为了改变纺织工业的衰退局面，美国政府有关部门和纺织界，早在80年代就进行了一系列调查研究，对纺织工业的地位、作用和前景做出了全面的战略部署。美国纺织业从低谷崛起，对其他国家有借鉴意义。

第2章

世博会与工程技术

翻阅19世纪下半叶的报章、史书或年鉴，人们可以了解当时社会生活的概貌。今天的科学与工程技术成就，远远超过了19世纪人们最大胆的想象。大量新知识、新发明争奇斗巧，以迅雷不及掩耳之势席卷而来，改变着社会，影响着人们的生活，在每一个角落留下深深的印记。凭借新知识，工程师们创建了人类历史上从未有过的工程，惠泽天下，彻底改变了人们的生产和生活方式。

当代工程技术带给人类的恩惠是渐进的，人类工程技术发展之路是一步步走过来的，它的每一步脚印，都嵌入了睿智与勇气。19世纪下半叶的世博会，以各种形式记录了人类工程技术发展的步伐。世博会过后，有些工程实体依然屹立在蓝天下，有些发明则经后人发展改良后得以广泛应用。

一、埃菲尔铁塔——钢铁杰作

1889年，为纪念法国大革命100周年，继1855、1867和1878年后，法国在巴黎又举行了第四次世博会，有3 200多万人参观了这次世博会。埃菲尔铁塔的光芒掩盖了当年的一切，是这次世博会留给人类的最璀璨的杰作。埃菲尔铁塔的技术支撑是19世纪末先进的钢铁结构技术，设计师埃菲尔（Alexandre-Gustave Eiffel,1832~1923）在建造铁塔之前就是一位卓有成就的桥梁工程专家。

埃菲尔铁塔的故事，已经流传了一个多世纪，而且还会一直传下去。

1. 钢铁结构高塔方案的由来

1884年11月8日，法国政府宣布将于1889年在巴黎再次举行世界博览会，以纪

埃菲尔先生和他的铁塔

念法国大革命100周年。1886年5月2日，法国政府宣布将举行一个设计大赛，法国的工程师和建筑师们被邀请参加研究关于在Champ de Mars竖起一个底座125平方米、高度300米铁塔的可能性。无论参加大赛的人提出什么样的构想，他们的设计都必须满足以下两个条件：① 这个建筑可以用来募集资金，也就是说，必须能够吸引足够的旅游者买票参观，用所得资金维持这个建筑本身；② 这是一个临时性的建筑，在博览会之后能够被轻易地拆除。

不久，法国官方就收到不少应征方案。在5月18日应征截止的最后期限之前，超过100份设计稿参与了竞争。其中大部分都非常传统，另有一些则非常的怪异：有人提出建造一个巨大的断头台，象征昔日帝国的结束；有人提议竖起一个高耸的洒水装置，在干旱的季节喷淋整个巴黎；有人设计了一座刻有法国大革命英雄人物雕像的金字塔；还有人建议在建筑顶上，安装一个巨大的电灯，让巴黎从此没有黑夜，人们能在子夜方便地阅读报纸……结果，这些提案都没有通过评审。

53岁的建筑工程师埃菲尔不动声色地思索着用金属为法国建造一个伟大的“符号”。几周之前，他已经拜见过一位叫劳克雷(Edouard Lockroy)的法国大臣，并且提交了自己已经准备完毕的计划——建造一座铁塔。埃菲尔绘制了5 329张图纸用以描述将会用到的18 038块不同的部件。劳克雷对埃菲尔的设计非常倾心，于是暗中帮忙，使得埃菲尔的设计方案最终胜出。世博会组委会的官员这样阐释该方案中标的理由：“这个世纪即将结束，我们应该欢庆现代化的法兰西的诞生！当时人们谈到金属和机械的高度发展，我们有理由把金属和机械作为胜利的标志。”

2. 世界上第一座钢铁结构的高塔

埃菲尔与法国政府、巴黎市政府签订了铁塔建造合同。1887年1月26日，埃菲尔的工程公司开始动工，并支付建造总预算160万美元中的130万美元，埃菲尔将获得在博览会期间和此后20年由该铁塔而产生的各项收入。这意味着政府已经同意保留铁塔至1909年，然后由政府决定是否继续保留。

埃菲尔铁塔正式开工以后，250名工人在冬季每天工作8小时，夏季每天工作13小时。1889年3月31日，这座钢铁结构的高塔终于大功告成。由于铁塔上的每个部件事先都严格编号，所以装配时没出一点差错。施工完全依照设计进行，中途没有进行任何改动，可见设计之合理、计算之精确。据统计，仅铁塔的设计草图就有5 300多张，其中包括1 700张全图。

铁塔除了4个脚用了钢筋水泥之外，全身都由钢铁构成。除了第三层平台没有缝隙外，其他部分全是镂空的。从塔座到塔顶约有1 710级阶梯（现已安装电梯），故上下十分方便。每一层都设有酒吧和饭馆，供游客在此小憩，领略独具风采的巴黎市区全景。每逢晴空万里，这里可以看到远达70公里的景色。

塔身为钢架镂空结构，高324米，有海拔分别为57米、115米和274米的三层平台可供人们游览，第四层平台海拔300米，设气象站。顶部架有天线，为巴黎电视中心。铁塔采用交错式结构，由4条与地面成75度角的、粗大的、带有混凝土水泥台基的铁柱支撑着高耸入云的塔身，内设4部水力升降机（现为电梯）。每隔7年油漆一次，每次用漆50多吨。这一庞然大物显示了资本主义初期工业生产的强大威力，与其说是建筑，不如称之为装配更为恰当。在设计、分解、生产零件、组装到修整过程中，建造者总结出了一套科学、经济而有效的方法，同时也体现出法国人标新立异的浪漫情趣、艺术品位、创新魄力和幽默感。

3. 不绝于耳的非议

埃菲尔没有预料到，与政府态度截然不同的是，反对建造埃菲尔铁塔的声音会如此强烈。

1887年2月14日，铁塔正式开工后的19天，埃菲尔接到了发表在当日巴黎《时代报》上由一批艺术家和建筑师联合签名的抗议书，名为《反对修建埃菲尔铁塔》，抗议书的内容是："我们深爱巴黎之美，珍惜巴黎形象，现在以法国色彩被蔑视、法国历史遭威胁的名义，义正词严地抗议这座修建在我们美丽首都的心脏位置的荒谬的怪物。请诸位设想一下，巴黎的美丽建筑怎么能与一个使人头晕目眩、怪异可笑的黑色大烟囱放在一起？黑铁塔一定会用它的野蛮破坏整个巴黎的建筑氛围，令巴黎建筑蒙羞，巴黎之美将在一场噩梦中彻底丧失。这是滴在纯净白纸上的一滴肮脏的墨水，是魔鬼强涂在巴黎美丽脸庞上的可怕污点。”

最要命的是列在抗议书下面的签名在那一瞬间几乎把埃菲尔先生击倒：古诺、莫泊桑、左拉、小仲马、科佩、勒孔特、波吕多莫、布格鲁、麦索尼、萨乐杜、克尔尼、布洛伊、魏尔兰、胡斯曼……达300人之众，几乎囊括了当时法国艺术领域所有的头面人物。其中短篇小说之王莫泊桑更是扬言：“巴黎如果建成铁塔，我要永远离开这个城市。”

还有一位法国数学教授预言，当铁塔造到228米高度时，这个建筑会轰然倒塌。他的话导致一部分住在铁塔周围的居民赶紧搬离，一部分人跑到法院起诉埃菲尔：“铁塔要塌下来压了我的房子怎么办？”当造到228米高度时，有人在铁塔四周围观，等待灾难的发生。这些反对者似乎忘记了埃菲尔是一位杰出的钢铁结构专家，数座钢结构桥梁都是出自他的设计。

结果，反对者期待的灾难一件都没有发生，工人们在埃菲尔的指挥下自信地工作，铁塔的轻盈造型倒是在人们关注的目光下日臻完美。

4. 埃菲尔的精湛技艺

一般而言，设计思想都是在学习前作的基础上提升的，例如想要盖一座10层的高楼，最好先研究一下8层、9层的建筑，但对埃菲尔而言就没那么幸运，因为此前没有任何工程能够达到甚至接近这座铁塔的高度。美国石制的华盛顿纪念碑刚完工，高557英尺，是当时世界上最高的建筑，而铁塔的高度将要达到1 000英尺。为了完成铁塔的建造，埃菲尔采用了许多具有创造性的技术——一是精确预制部件，二是在建造过程中保持水平。

和当时其他的大型建筑工程不同，埃菲尔预先在自己的车间里面制造好所有的部件。也就是说，当这些部件被送往工地的时候，能够很快速地安装完毕。铆钉孔预先以1/10毫米的容差制作完毕，使得20个铆接小组能够每天装配1 650个铆钉。建造铁塔的每个部件都不超过3吨重，这使得小型起重机得以普遍应用。

在工程开始的阶段，实际上有4个施工地点，每一个都是铁塔的支脚或者称为塔墩。这些塔墩直到180英尺高后才会汇合，而当这些塔墩汇合之后必须能够达到完美的水平，这个完美的水平面将作为余下800英尺建筑物的基础。塔墩如果建造得稍有差池，就会使整个铁塔倾斜。埃菲尔知道很难保证塔墩在建造完毕之后能够达到完美的水平面，所以他在每个塔墩的底部都装置了一台临时水压泵，这样，随着工程的推进，他可以通过微微地升高或降低塔墩来进行微调。当整体调节完毕之后，工人们会在塔墩里面嵌入铁楔子，让塔墩永远地固定下来。

后来的事实证明，埃菲尔没有什么需要特别担心的，即便到达180英尺的高度，4个塔墩的最大误差也不到2.5英寸。4个塔墩简单地调整好并固定完毕。直到今天，这个铁塔还保持着完美的水平。建成的铁塔非常壮观，当时的法国首相泰拉德(Tirard)起初对这个工程持反对意见，但是在工程结束之后却颁发给埃菲尔荣誉军团勋章(Legion of Honor)。这个铁塔，成为了法国至高技术的符号，也成了法国的符号。

5. 莫泊桑的食言

那一次世博会之后，埃菲尔铁塔获得世界的肯定，这无疑是一件令当初在《反对修建埃菲尔铁塔》一文中签下大名的诸多法国艺术名流颇感难堪的事情，而按道理来说最下不了台的应该是莫泊桑，他的短篇小说名闻天下，并以“莫泊桑式的结局”令读者留下难忘的印象，当时他既然扬言“巴黎如果建成铁塔，我要永远离开这个城市”，这话说得如此没有回旋的余地，所以世博会铁塔剪彩之后，人们最拭目以待的恐怕就是这位文学界的“短篇之王”是不是真的要离开巴黎了。

不过，据当时埃菲尔铁塔内的餐厅服务小姐说，铁塔建成之后，来这里吃饭和用下午茶最多的人就是莫泊桑，虽然他总是说这里的菜口感不好，但还是隔三差五地来这里用餐和聊天，人们当时还好奇地问他是不是忘记了他在铁塔建造之初曾撂下的狠话，结果莫泊桑一脸无辜，并用他特有的“莫泊桑式的结局”说：“谁让这里是巴黎唯一看不见那座破塔的地方？”说完他又继续专注地往埃菲尔铁塔餐厅供应的特色熏肉上撒起了胡椒粉和精盐。

6. 精心呵护铁塔的魅力

铁塔的设计者埃菲尔先生当初交付图纸时就曾说：“只有适当的油漆，才能保障这座金属建筑的寿命。”好比姑娘的沐浴梳妆，挺立在风雨中的埃菲尔铁塔也需

跨越了3个世纪的埃菲尔铁塔依然英姿挺拔

要不断地油漆，需要人类自始至终的细致关怀。

那么，埃菲尔铁塔是如何“沐浴”的呢？由于铁塔结构复杂，所以至今它还要用人工油漆。油漆本身都是用专门材料制成的，其寿命比其他的油漆寿命更长。铁塔构架庞大，但工人数目又不能太多，一般在25人左右，工人们先用砂纸打磨钢架，刮掉老化的漆皮，并刷上底漆。随后，工人们把50多吨调好的油漆一点点涂到铁塔上去，这是保护埃菲尔铁塔的重要一环。工人们要把油漆涂到铁塔的各个部位：向阳的一面、背阴的一面、顶部迎风的一面……难度最大的是铁塔顶部的死角处。人们只能弯着身子或倾斜着身子进行工作。虽然都带有安全绳索，基本不会有生命危险，但是按工人们的话说：“油漆这座美丽的铁塔确实是一项艰苦的工作。”在油漆铁塔的时候，铁塔照常营业。每天有大批的游客前来观光，有时漆会滴落在游客身上，就会有工作人员上前帮助清除。这种油漆在没有干的时候很容易清除，但干了以后就像石头一样坚固。

铁塔所使用的油漆颜色十分独特，由3种不同色度的褐色构成，底部是深褐色，顶部是浅褐色，它有一个专门的名字——“埃菲尔铁塔棕褐色”。一般的情况下，人们在游览时只为铁塔高大宏伟的气魄所惊叹，为它巧夺天工的创意所折服，对铁塔的色彩反倒很少关注。其实它本身的色彩与光线结合，才使其显得更加光彩照人。一句话：细致关怀，善始善终，这才是铁塔大美之所在。

7. 百年风雨铸就百年辉煌

埃菲尔铁塔历经了百年风雨。20世纪初无线电技术出现后，再没有人提起要拆除铁塔的话题，因为它是巴黎的制高点，铁塔上的无线电设备在第一次世界大战中截获了大量敌军密电；铁塔曾经被纳粹占领，差点被纳粹毁掉，终又回到人民手中；铁塔曾被用作气象观测站、航空通讯台、电台和电视发射站，不过最终还是回归到观光这个主要的用途，成为巴黎的“摇钱树”；铁塔上也经常有自杀事件发生，第一个从铁塔上跳下去的是一个裁缝，他为自己缝制了一个带有蝙蝠式翅膀的衣服，他以为自己能飞起来，但是结果很遗憾……

1989年3月31日，埃菲尔铁塔整整100岁，为此，巴黎铁塔管理公司特地举行了隆重的纪念活动，重现了百年前埃菲尔率众登顶的历史场景：身着黑色礼服、头戴宽边礼帽、手持国旗的“埃菲尔”和30名“知名人士”、“建筑工人”，在隆重的鼓乐声中拾级而上。当“埃菲尔”把三色旗插上塔顶时，21响礼炮齐鸣，群鸽绕塔飞翔，彩色气球飘上蓝天。在铁塔二层平台的围栏上悬挂着用世界各国文字书写的“庆祝铁塔100周岁”的彩色条幅。无数游客翘首目睹了这一壮观场面。

埃菲尔铁塔经历了百年风雨，并在经过20世纪80年代初的大修之后风采依旧，巍然屹立在塞纳河畔。

二、自由女神像——科技与艺术的完美结合

埃菲尔曾经说过：“我对埃菲尔铁塔十分嫉妒，人们似乎认为她是我唯一的成就，但事实上，除此以外我还有许多别的设计。”是啊，自由女神挺立的身姿也应归

埃菲尔曾经说过:"我对埃菲尔铁塔十分嫉妒,人们似乎认为她是我唯一的成就。"

功于他——埃菲尔为巨大的自由女神像设计了内部支撑框架。

1. 从巴黎到纽约的政治礼物

自由女神像源于法国政体动荡的时代，出于法兰西民族对美国政体的欣赏。

1876年,费城举行规模盛大的世博会,作为纪念美国独立100周年的庆祝活动。法国赠送的礼物是巨大的自由女神像,以表现美国独立战争时期美法联盟建立的国家友谊。当法国方面意识到女神像不可能在美国建国100周年时建成，设计者就组织先完成了女神像的右手和火炬,并在美国100周年那年送到费城，因此1876年费城世博会上只展出了自由女神擎着火炬的手臂,但这却震撼了参观世博会的所有美国人，他们认为这是唯一能代表美国独立、自由、民主气概的雕塑。两年后,自由女神像的脸部和头冠部分也已完成。在1878年巴黎世博会上,自由女神像的脸部和头冠部分首次展出。自由女神像的火炬和头部两次在世博会的亮相,引起了大洋两岸美、法两国人民对自由女神像的关注和支持。

1865年,拿破仑三世即位后,法国一批资产阶级学者希望能够结束君主制,建立起新的法兰西共和国。因此,出于对大西洋彼岸美利坚共和国的赞许,也为了增进法、美两国人民相互间的感情，他们筹资并委托著名雕塑家弗莱特立克·奥古斯特·巴托尔蒂（Frederic Auguste Bartholdi)设计了这座雕像,作为庆祝美国建国100周年的礼物，同时也表达了崇尚民主的法兰西民族对自由政治的向往。

2. 钢铁与艺术的完美结合

关于自由女神像是如何建立起来的，里面还有一段传奇的故事。巴托尔蒂对自由女神像的设计投入了极大的热忱,这一作品深受德拉克洛瓦(Eugène Delacroix)的名画《自由领导着人民》的影响。至于女神像的构思,巴托尔蒂本人回忆,来源于他在17岁时亲眼目睹的激动人心的一幕:1851年,路易·波拿巴发动了推翻法兰西第二共和国的政变。一天,一群共和党人在街头筑起防御工事,与政变者展开巷战。暮色时分,一位忠于共和政权的年轻姑娘,手持燃烧的火炬,跃过障碍物,高呼"前进"的口号向敌人冲去,不幸中弹牺牲。从此,这位高擎火炬的勇敢姑娘就成了雕塑家心中追求自由的象征。另外,巴托尔蒂是以其妻子尚奈密丽作为女神像的模特儿,而像的面貌则是他根据其母亲的脸型来塑造的。

1869年,巴托尔蒂完成了自由女神像的草图设计,但他又有了另外的担心。一天,埃菲尔接待了这位忧心忡忡的雇主。因为高大而沉重的女神像要直立起来,不仅要稳,还要经得住强劲的海风吹袭,作为雕塑艺术家的巴托尔蒂没有任何办法可以固定这座高达150英尺的庞然大物。"这座光辉的雕塑一定要建造成功!"埃菲尔坚定地说。在他的设计室里,一个十分奇特的钢架结构图纸逐渐完成,这个结构的重量可以用比较小的基座支撑,并可以经受住任何狂风的袭击。当同行们都在嘲笑埃菲尔的想法的时候,埃菲尔坚定地把巴托尔蒂的自由女神像外层按照化整为零、分块铸造安装的方法附着在架上,将这个庞然大物立在了前所未有的奇特的钢架结构上。结果可想而知——那些嘲笑者们大跌眼镜。这座有4只脚支立的铁塔型内部支撑结构,塔脚嵌入台基约8米深,从而使自由女神这座举世无双的巨像稳如泰山,昂然屹立在滨海之地。

自由女神像从1874年工程开工,到1884年完全建成,前后历时10年。1884年7月6日,自由女神像正式赠送给美国。到1885年1月,工人们再小心地将女神像拆卸成300块部件,以便于运往纽约和重新装配。1885年6月,300多块装箱的女神像部件,被拖轮从法国里昂运到了纽约。1886年10月中旬,75名工人在脚手架上用了约30万只铆钉来"集零为整",将自由女神像完整地组合起来。1886年10月28日,纽约港轮船汽笛齐鸣,烟花四起,在21响礼炮声中,美国总统格罗弗·克利夫兰(Stephen Grover Clevaland,1837~1908)亲自主持了万人参加的自由女神像揭幕典礼。法国人将完成的自由女神像赠送给了美国人民,从此,乘船进入纽约港的乘客远远地就可以看见屹立的自由女神高举火炬的英姿。对成千上万个来美国的移民而言,自由女

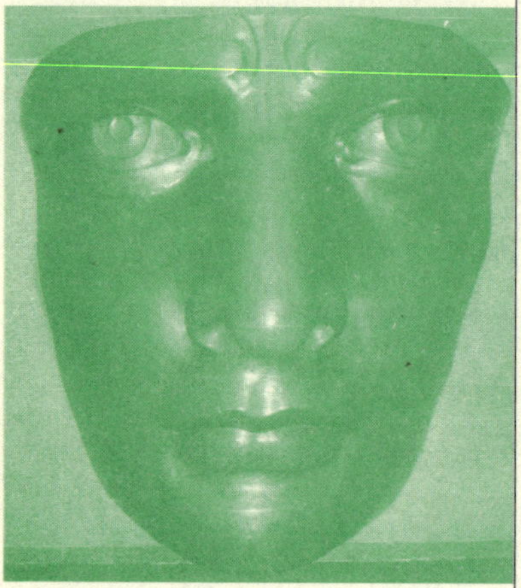

（上）自由女神像的脸部和头冠部分首次展出在1878年巴黎世博会
（下）自由女神像脸部是根据雕塑家母亲的脸型来塑造的

神是摆脱旧世界贫困和压迫的精神支柱，自由女神像成了美国的象征。巴托尔蒂也因此被授予纽约“荣誉市民”的称号。

3. 自由女神像令人向往

自由女神像起初是一件政治礼物，后来在某种意义上成为美国的象征，这不是偶然的，她反映了美国人民追求独立自由的愿望、向往和历史，以及美、法两国的友谊。更为人们称道的是，这件非凡的礼物在表现形式上显现了无比的优美和高雅。

自由女神穿着古希腊风格的服装，头戴光芒四射的冠冕，有象征自由遍及世界七大洲的七道尖芒，庄严肃穆的表情中蕴含着广博的人类之爱。女神右手高举象征自由的长达12米的火炬，左手紧抱一铜板，上面用罗马数字刻着美国《独立宣言》发表的日期——公元1776年7月4日，脚下散落着已断裂的锁链，右脚跟抬起作行进状，整体为挣脱枷锁、挺身前行的反抗者形象。女神气宇轩昂、神态刚毅，给人以凛然不可侵犯之感。而其端庄丰盈的体态又似一位古希腊美女，使人感到亲切而自然。她象征着自由、挣脱暴政的约束。

自由女神像腰宽约10.6米，眼睛长约0.79米，嘴宽约0.91米，高擎火炬的右臂长12.8米，仅食指就有2.5米长、1米宽。自由女神像内部有22层，电梯只能开到第10层，另外12层需沿着旋梯攀登而上，直到女神像顶端的头冠处与火炬处。头冠上布满了窗口，游人可以在此眺望纽约城的美景。女神像是将整体分解为一个个部件，然后逐个建造的，如左手臂在建造时，雕塑家巴托尔蒂指导工人们先用木条做好左手握着《独立宣言》的形状，再用铜片把它们钉成一体。

据说巴托尔蒂和埃菲尔在设计女神像时，预计会有不少人有兴趣攀登到女神像的头部和火炬处，但他们无法准确估算到底有多少人会来参观。为此，他们设计了一条阶梯路径通向火炬的小阳台。没料到，待到开放后，游人众多，大量的游客攀登阶梯，致使女神像的肘部都有些变了形，也碰坏了火炬的铜灯罩。所以在1886年刚开放不久到1916年间，女神像停止向公众开放。此后，纽约的管理部门作出规定，参观者必须分批攀登通向火炬阳台的阶梯通道。

1916年，雕塑家戈特松·博格伦(Gutzon Borglum)重新装置了女神像火炬的灯光设施，他将铜火炬的窗格放大并装以成百块琥珀色的玻璃。在装上了强光电灯以后，自由女神像火炬上的光芒在很远的海上都可见到。正如巴托尔蒂原先的意图一样，法国工匠又创造出了一种新的发光装置，他给窗格做了一种金色的铜皮窗叶，使新的光源放射出更加耀眼的光芒。

4. 电脑辅助修缮自由女神像

1986年自由女神像建立100周年前夕，美国决定修缮这一工程。

蓝天下的自由女神像是世博会永久的记忆

美国工程界在承担修缮工程的同时，还要为未来的工程界提供一套图纸资料，于是他们利用电脑辅助绘制女神像的系统结构和形象资料，这些图纸显示了埃菲尔设计的塔形构筑物的复杂结构以及悬臂和头部的支撑。电脑绘制女神像的外壳和内部支撑结构及电脑辅助设计的有利条件使女神像各部分的细节精确显露无遗，随着电脑搜索画面的移动，还可以清楚看到女神像的内部横梁和整体构架的各部分，使视角可以达到不同的、传统方法难以想象的部位。

2001年9月11日，美国本土遭到恐怖袭击，纽约国贸中心双子座被飞机撞毁，美国国防部五角大楼也遭到撞击，美国全国进入紧急戒备状态。作为美国"自由、民主"标志的建筑物——自由女神像也停止了对外开放，使得人们只能在远处眺望而不能亲临其境参观了。我们相信这只是暂时的措施。无奈之下，有人利用电脑系统，通过点击移动鼠标，来一睹自由女神的风采细节，包括女神像基座上那震撼心灵的诗句：

……
她不同于希腊著名的青铜巨人
把征服者的双脚跨在两片土地；
她是一位顶天立地的女人，
将高擎火炬屹立在这浪拍夕照的大门。
火炬收住闪电，手臂似灯塔放出光芒。
她是"流亡者之母"，向全世界召唤
……

三、菲力斯摩天轮——转动世纪的大玩具

菲力斯摩天轮的原名叫 Ferris Wheel，这一名字来自它的建造者——美国宾夕法尼亚州桥梁建筑工程师乔治·菲力斯(George W. Ferris)。在现代人的眼里，摩天轮是美景、浪漫、刺激与节日的代名词，带给人们非常新鲜的娱乐感受，转动的摩天轮是现代娱乐场内倍受欢迎的大玩具，日本人也称之为大观览车。但在1893年芝加哥世博会上，第一个摩天轮的诞生却是历经曲折。

1. 话说大道乐园

1893年芝加哥世博会引入了大道乐园(Midway Plaisance),开创了世博会娱乐园的先例。19世纪末美国消费主义的缘起,是芝加哥世博会出现娱乐园的根本原因。美国主流社会的生活价值观向娱乐享受倾斜,娱乐消费的增长使马戏团、音乐剧团、魔术表演、餐馆等逐步繁荣起来,娱乐消费呈现出欣欣向荣的景象。由此产生的娱乐业经营阶层也迅速壮大,他们强烈要求在世博园区有经营空间。此时,传统的世博会展馆规划与美国社会日益增长的消费需求出现了矛盾,大道乐园在这样的背景下由展品展示向娱乐消费转变。作为流行文化代表的大道乐园,以全新的娱乐方式给人们带来了前所未有的感官冲击,在世博会的历史上留下了浓重的一笔。

“无论是雨天还是晴天,白天或是黑夜,会场的一个地方永远是最拥挤的,那就是大道乐园。”芝加哥世博会开幕的第一个月,由于资金不到位,大道乐园还没有建成,世博园每天只有3万参观者;当全长1.5公里的大道乐园开始运营后,参观者迅速增加,世博会最后两个月,世

夜色中的菲力斯摩天轮令人神迷

博园每天的参观者达到了15万。

而在芝加哥世博会的最初计划中，大道乐园是作为教育性的展示区域，展示内容是人种起源与发展。世博会组委会曾经启用一位哈佛教授来主管大道乐园的人种学展示，严谨的教授计划用学院派常用的方式来安排这次展览，以插图来演示人类的发展，从非洲村落到现代西方文明。直到1892年，大道乐园的组展工作依然进展缓慢，无法进场的娱乐业主讽刺道："让哈佛教授来设计大道乐园，无异于让爱因斯坦来指挥马戏团。"世博会组委会当然还记得费城美国独立百年世博会所承受的经济损失，并不甘心所付出的巨大努力换来的却是经济上的失败。组委会经过考虑，转换了思路，同意让年轻而有经验的剧团经营商索尔·布卢姆(Sol Bloom)来接管大道乐园，增设娱乐性项目。菲力斯摩天轮的构想，这才有了实现的可能。

大道乐园的中心位置就是"只有天才能想出来"的菲力斯摩天轮，它是世界上第一座现代摩天轮。菲力斯摩天轮带来了前所未有的震撼，毫无争议地成为本届世博会的象征。人类在19世纪取得的工程学领域的成就超过以往任何历史阶段，因此工程学成果的展示一直是19世纪世博会展示的重点之一。此前世博会上工程学专业通常是直接展示大尺寸的钢结构制品、机械制造手段、冶金设备实物等，菲力斯摩天轮的出现是工程学成果展示的新形式，参观者从中感受到更大的思想冲击力。在当时，菲力斯摩天轮是一个工程学的奇迹，代表世界上最大的钢铁轮轴的制造成功。因此，有人说菲力斯轮盘是大道乐园的真正胜利，它比任何展品都更能显示出美国的天才。

最终建成的菲力斯摩天轮直径约76.2米，圆周长251.46米，座舱数36个，每个座舱里有38个长毛绒材料制成的舒适的座位，还可以站下22人。菲力斯摩天轮一次可容纳2 160人，旋转一周时间20分钟。最多的时候它一小时载客可达到4 000人。

2. 菲力斯先生和他的天才构想

"女士们，先生们，小伙子们，姑娘们！请大家静一静！"

1893年芝加哥世博会的主席轻轻敲了敲演讲台要大家集中注意力。在6月温暖的阳光下，他把乔治·菲力斯介绍给了参观博览会的人群，他们正聚集在高耸的摩天轮的巨大钢铁基座下。接着，芝加哥市长和菲力斯夫妇以及受邀的嘉宾一同登上了这个"机械奇迹"，开始了摩天轮令人兴奋的处子之旅。轮子逐渐旋转了起来，很快便载着乘客来到了博览会上空很高的地方。菲力斯低头看了看正敬畏地注视着他那壮观的发明的人群，他们中很多人还不知道，菲力斯来到世博委员会提出他的创想还是不久前刚发生的事。

那是1892年初空气清新而寒冷的一天，这个来自宾夕法尼亚的年轻工程师当时只有33岁，他背着用厚厚的纸仔细包好的图纸来到了芝加哥。菲力斯已经做好了充分准备，急切地要把自己的想法告诉世博会的官员们。这个又高又瘦的发明家脱掉夹克，摘掉圆顶礼帽，小心翼翼地打开他那张图纸。他所展现的草图上画着一个由两座高塔支撑着的巨大的圆形设施，菲力斯将他的发明称为“瞭望轮”，它和一个自行车轮子非常相似，但有26层楼高，比芝加哥高耸的“卡比托”大楼(当时世界上的最高建筑)还要高4层。要知道，在19世纪末，一座10层楼就是摩天大厦了！轮子上连着36个巨大的木制矩形车厢。菲力斯说每个车厢里能安40把转椅，另外还可以再站20个人，他的轮子一次能容纳2 000多人。

然而世博会的官员们被菲力斯的想法吓坏了，还没有人曾尝试着建造一个像菲力斯提议的那么巨大的“玩具”，这个年轻人怎么看也不像个实干家。世博委员会讨论后认为，没有人敢去乘坐它，因为委员会成员自己就不敢乘坐。但是，菲力斯这位经验丰富的桥梁建造师和钢铁强度方面的专家向他们保证，他已经为所有可能存在的危险做好了准备。但世博委员会对菲力斯的想法甚至未予考虑，一名世博会的官员断言：“轮子只存在于他脑子里。”尽管很失望，但菲力斯并没有泄气，他自信地返回匹兹堡家乡，自管自成立了“菲力斯摩天轮公司”。

1892年春天，在索尔·布卢姆的支持和斡旋下，几经周折，世博委员会暂时同意菲力斯建造那个大轮子，不料第二天就又变了卦。直到12月中旬，在时间很紧迫的情况下，主管娱乐设施的索尔·布卢姆坚定地拍板了，官员们终于对菲力斯的建造计划放行。这时菲力斯只有不到5个月的时间来建造自己的“机械奇迹”，所以当1893年5月1日芝加哥世界博览会开幕的时候，菲力斯摩天轮仍在建造中。一周过去了，两周过去了，然后是第三周……终于在延迟了7周后，菲力斯摩天轮落成了。

此时这位受人尊重的发明家与妻子，还有他的支持者们正稳稳地升向空中，鸟瞰脚下的景色。在最高点做了短暂停留之后，这个曾经只是存在于菲力斯脑子里的轮子把登上摩天轮的人们安全地送回地面。菲力斯在热烈的欢呼声中登上木制的月台，自豪地穿过由世博会参观者组成的欢呼雀跃的人海，挤到巨轮停止的地方，准备再坐一次。在博览会剩余的19周时间里，菲力斯的摩天轮在运行时没有发生任何故障，并这样一直运行下去。

对于1893年芝加哥世博会来说，菲力斯摩天轮更像是转动的印钞机。乘客们一次又一次登上摩天轮观赏风景。这次世博会上，菲力斯轮盘共承载过160多万参观者。每次乘坐需要支付50美分，为了坐20分钟摩天轮，人们不惜花费在当时来说并不廉价的50美分，许多人还反复乘坐，感受一种全新的体验。如今乘坐的价格大约是9.25美元。正如一位加利福尼亚州的男士所言："我一生中还从没有用50美分买到过这么物超所值的东西。"

3. 摩天轮时代延续至今

摩天轮在1893年芝加哥世博会的成功，使得以后的世博会主办者都热衷采用这种娱乐设施吸引参观者。此后，每一次世博会几乎都有摩天轮的身影。以日本为例：

1907年日本东京劝业博览会，建造了日本首座观览车，高40米，18舱，8~10人/舱。

1970年日本大阪世博会，建造了高45米的大观览车。

1985年日本筑波世博会，位于保加利亚馆旁边的观览车高85米。

1989年日本亚洲太平洋世博会，观览车高105米，直径100米。

2005年日本爱知世博会上，尽管现代科技产品充斥世博园的角角落落，但传统的摩天轮依然深受人们的喜爱。

菲力斯摩天轮开创了现代摩天轮先河，自此以后，这样的大转盘就在世界各地风行起来，摩天轮成为了许多大型狂欢节和娱乐场的重要标志。在跨越100多年的三个世纪里，摩天轮在世界范围得到了长足的发展，其发展经历了三个阶段。自1893 年在美国芝加哥的第一座观览车问世以来，19 世纪末到20 世纪初世界范围内掀起了建造摩天轮的第一个高潮。20 世纪中期的近半个世纪以来，人类经历了两次世界大战的灾难，摩天轮的发展也停止了将近半个世纪。20 世纪70 年代至20 世纪末，从日本在神户建造的63 米高的观览车开始，世界范围内掀起了建造观览车的第二次高潮。20 世纪末至今，从日本又开始掀起了建造摩天轮的第三次高潮。

(左)1985年筑波世博会摩天轮
(右)2005年爱知世博会观览车

日本、英国等建造了多座巨型摩天轮，最典型的是20世纪末英国建造的伦敦眼摩天轮(London Eye)，直径135米，有32个舱位，每个舱可坐25人，一次可容纳800人。日本是迄今为止建造100米以上摩天轮最多的国家，1970年至今已建造了20多座摩天轮，直径都在100米到120米之间。

4. 摩天轮科技的发展趋势

一个多世纪前诞生于芝加哥世博会的摩天轮，依托现代化的精良设计制造，在世界各地旋转升腾。随着世界范围内建造摩天轮新高潮的到来，摩天轮的建造科技也朝着新的趋势发展，主要体现在:

(1) 直径更大、高度更高。从摩天轮第二个发展阶段末期到第三个发展阶段初期，摩天轮"身高"之最一再被刷新。美国拉斯维加斯的摩天轮高152米，俄罗斯莫斯科的摩天轮则高达170米，新加坡一个海滨的摩天轮高度甚至超过170米，可以俯瞰印尼和马来西亚。中国天津慈海桥工程中的摩天轮直径为140 米，高为150米；江西南昌的摩天轮直径为150米。

(2) 现代摩天轮的发展更注重人的舒适性。早期的观览车轿厢内没有空调、音响、电扇等设施。现代的观览车轿厢越建越豪华，将来包括KTV 包房、电影院软座包厢、酒吧茶座等都有可能搬到空中去。

摩天轮依托现代精良设计制造，在世界各地旋转升腾

(3) 注重与周围景观的结合，摩天轮不但能让人们在白天享受到旋转和在半空中眺望的快乐，还注重夜晚的灯光照明效果。通过控制变幻莫测的五彩灯光，它还能成为公众集会的硕大背景，并有成为政府、企业举行重大礼仪和庆典活动中重要背景角色的趋势。

四、钢筋混凝土——花匠莫尼埃的灵感

在2007年上海世博会事务协调局主办的大型世博历史巡展活动中，有一件不起眼的展品——一块钢筋混凝土制品，它被不知情的布展人员抬出了展区，展览总策划俞力先生遍寻不着，后来才发现，原来它被误作为现代建筑的废弃物而被搬离了展览现场。"在1867年巴黎世博会上，这可是一件神奇的展品，一件令花匠莫尼埃(Joseph Monier)十分骄傲的展品。"俞力先生充满激情地说。那是一段尘封已久的历史，它向我们讲述了钢筋混凝土发明背后的故事。

1. 我需要更坚固的花盆

莫尼埃是18世纪中期法国一个普通的花匠，他每天都要和花盆打交道。在他管理的花园里，奇花异草生机盎然、香气扑鼻，行人路过此处，无不驻足观赏。最初，他使用的花盆都是由普通的泥土和低级陶土烧制而成的，也就是常见的瓦盆。这些瓦盆不坚固，稍不注意一磕碰就破碎了，尤其是尺寸稍大的瓦盆。

在一些重要的场合，莫尼埃先生的花卉深受绅士、淑女们的喜爱。在大家眼中，他是一位精明能干的花匠。但是，莫尼埃先生一直有块心病，那就是这些不结实的花盆真让人担心。当一盆精心培育的花木要从他的花圃搬到订户需要的场合时，他每次都暗自捏一把汗，要是一不小心将花盆碰碎了，这盆花也就完了。这更会让订购花卉的客户非常失望，原本指望用花木来装扮场面的，结果却大煞风景。

“我需要更坚固的花盆！更坚固的花盆！”莫尼埃先生默默地对自己说。他咨询了所有的花匠朋友，可是他们也都有同样的困扰。莫尼埃向瓦盆生产者提出建议，却得到了这样的回复：“对于我的花盆，你唯一可以选择的是买，或是不买！”

2. 我自己来做结实的花盆

为了进一步发展，莫尼埃盖了一个大温室，温室里需要许多大花盆。当时买不到这么大的瓦盆，用木盆价格又太贵，这更加坚定了莫尼埃自己做花盆的决心。他在自己的花圃里开辟了一块新的工区，专门用于制作花盆。

莫尼埃听说水泥是一种好材料，于是用水泥做了一些大花盆，并且砌了一个水泥大花坛。花盆做好了，莫尼埃很高兴，但是水泥制作的东西只是纯粹的水泥和水搅拌混上泥沙而成，很容易断裂碰碎。在他来回搬运花盆的时候，许多花盆裂开了，花坛也变形了，他已记不清他的花坛究竟被撞坏过多少回了。珍贵的花木受损与花盆制作受挫，使他情绪低落。

“怎么才能使花盆不裂呢？”莫尼埃时刻思考着。终于，他想到了一个改进办法，就是往水泥里掺上沙子，制造水泥沙子混合的花盆，按现在的说法就是混凝土花盆。混凝土花盆果然非常坚固，尤其是不怕压，但和瓦盆一样也有缺点，就是经不起拉伸和冲击。有时，对花木松土和施肥的操作都会导致花盆破碎。

3. 灵感来自植物的根系

人们不能不承认灵感对于创造和成功的重要意义。百思不得其解的问题，猛然间灵感降临，会让人醍醐灌顶，茅塞顿开。这种触类旁通的灵光乍现，是思维电路的突然接通。终于，这种美妙的灵感降临到烦恼的花匠莫尼埃身上。

一次，莫尼埃端起一盆花，准备移植到另一个花坛里去，岂知一不小心摔了个大跟头，花盆落地摔坏了。忽然他愣住了：花盆的碎片虽然已经七零八落，可花盆的泥土却抱成一团，仍然保持着原状，好像比水泥还结实。泥土的完好如初使他很惊奇，他把泥土捧起，只见花的根纵横交错，左右上下穿插，交织成网络结构，竟把松软的泥土箍得异常坚固。他弄碎泥土，仔细观察，原来是植物的根系在泥土中屈曲盘绕，相互勾连，使松散的泥土抱成了坚实的一团。

晚上，莫尼埃的眼前浮现的全是纵横交错的花根，他猛然想到一个主意：仿照花的根系，用铁丝织成网状结构，再用水泥、沙石与之浇铸在一起，砌成花坛，也许能坚固点吧。说干就干，他顺着这个思路，马上动手设计、制作、试验，很快按照这个想法制成了牢固的花盆。他先用细钢筋编成花盆的形状，然后在钢筋里外两面都涂抹上水泥砂浆，干燥后，花盆果然既不怕拉伸，也能经受住冲击。他又用该方法重砌了一个小小花坛做试验，水泥干了后，他发现整个花坛坚不可摧。后来，他又用这个方法建造了一个贮水池。

4. 莫尼埃花盆的延伸

如果莫尼埃的发明只是局限在他自家的花圃里，只是建造了一些自己使用的坚固的花盆、花坛、水池，人们不会记住莫尼埃这个名字。一天，一位建筑工程师到花园看花，看到了莫尼埃的混凝土预埋钢筋的花盆、水池，大为惊讶，鼓励他把这种技术用到工程上。莫尼埃的思路大开，他想既然可以做花盆，当然也可以做铁路的枕木，做其他的建筑材料。为此，莫尼埃在1867年申请专利，内容是在混凝土中预埋铁丝网以增加混凝土薄管的强度，从而得到社会的承认和一些设计师的支持。

在1867年巴黎世博会上，莫尼埃展出了钢筋混凝土制作的小船和花盆。由于其他国家的建筑商在世博会上亲眼目睹了钢筋混凝土的优点：钢筋比重大，既能承受压力，又能承受张力；混凝土比重较小，能承受压力，但是不能承受张力。如果全用钢铁造大楼，不仅造价昂贵、保暖性能极差，而且地面承受不了如此巨大的压力；如果全用混凝土盖大楼，虽然价格比较便宜，却不牢固。但是在混凝土中加进钢筋，就把二者的优点都利用起来了。“钢筋混凝土”就这样出人意料地由一个建筑业的门外汉——花匠莫尼埃发明出来了。

1875年，莫尼埃已经不是从前的花匠了，他主持建造了16米长的世界上第一座钢筋混凝土大桥，取得了成功，为钢筋混凝土的普及推广铺平了道路。钢筋混凝土复合材料不久就受到广泛的青睐，迅速成为世界上土木工程建筑中的主角之一。

1884年，德国一家建筑公司购买了莫尼埃的专利，并对钢筋混凝土进行了一系列科学试验。比如，一位叫怀特的土木建筑工程师研究了它的耐火性能、强度，混凝土和钢筋之间的黏结力等等，并在此基础上研究出了制造钢筋混凝土的最佳方法。现在的水泥预制板是怀特等许多科学家多年不断研究得到的成果，它既省料，又能保证足够的强度。

5. 钢筋混凝土的现代发展

现在钢筋混凝土可以说风靡全世界，但它却是从一个小小的花盆发端的，它开创了现代复合材料的先河。复合材料，就是综合不同材料的优点，把它们合而为一。水泥很坚硬，但很脆，怕拉伸，而钢筋较软，怕压，但有韧性，把它们合在一起，就能成为既不怕拉也不怕压的理想建筑材料。现在复合材料已远远不止钢筋混凝土一种了，已经发展出上千种。随着建筑逐渐向高层与大跨度的方向发展，对材料的轻质高强、保温隔热等方面的性能提出了更高要求，各种新型混凝土应运而生。

轻骨料混凝土是一种使用轻质骨料代替传统的卵石和碎石的混凝土，从出现至今仍有发展的趋势。最常见的轻骨料有黏土陶粒、粉煤灰陶粒、膨胀页岩、膨胀矿渣、膨胀珍珠岩和蛭石等。这种混凝土不仅可以用作围护结构，同样可用于承重结构。它重量轻，可减轻结构自重25%~60%，现在已应用于高层建筑、大型公共建筑、工业建筑和仓库等。

塑料混凝土具有防裂、绝缘、耐腐蚀、防辐射和抗冲击等性能，是改进一般混凝土弱点的新品种。过去混凝土平屋面由于温差剧烈变化及受暴晒、暴雨的影响，经常出现裂缝。采用塑料混凝土屋面，可以增加混凝土的弹性和提高抗拉强度，避免裂缝出现。在塑料混凝土中放置钢筋或钢筋网，可做各种防水结构、贮罐及地下建筑等。

加气混凝土是用作围护结构的一种新产品。这种材料具有经济、自重轻、保温性能好、耐燃和易于加工等优点，是轻质隔墙的理想材料，已广泛应用于多层住宅的非承重构件。

……

回顾了莫尼埃先生在1867年巴黎世博会期间的发明经历，相信我们在仰望现代摩天大楼的时候，会多一份对新型建筑材料发明者的敬意。

第3章

世博会与电的应用

电在19世纪下半叶的广泛使用是第二次科技革命的结果，同时也成为第三次科技革命的资本。从此，人类社会生产力发展又有了一次重大飞跃。电的应用技术盖过了人类早先的文明和文化，以前人们所不能想象的生活方式开始替代原来的生活方式。1870年前后，由电产生的各种新技术、新发明层出不穷，并被迅速应用于工业生产，促进了经济的发展。在那个充满好奇、跃跃欲试的年代，世博会充分展示了电与大众生活相结合所产生的影响力。

1867年巴黎世博会上，展示了1866年由西门子公司发明的世界上首台电磁感应发电机。1873年维也纳世博会上，来自比利时的格拉姆

1900年巴黎世博会的电气宫

1904年圣路易斯世博会的电气宫

(Gramme)展示了他的直流电动机，据说，这是因在参展世博会过程中线路意外搭错而诞生的“偶然发明”。本来，格拉姆送展的是一台直流发电机，在布展时，他偶然接错了线，把别的发电机发的电，接在了自己发电机的电流输出端。这时，他惊奇地发现，第一台发电机发出的电流进入第二台发电机电枢线圈里，使得这台发电机迅速转动起来，发电机竟然变成了电动机！在场的工程师、发明家们欣喜若狂，多少年来追寻的廉价电能竟在如此不经意间被发现。到1900年巴黎世博会和1904年圣路易斯世博会，法国和美国作为主办方，均专门辟出电气宫，并且它们都成为世博园最有吸引力的展馆。

本章以电报、电话、电灯、留声机为例，回顾电的应用与世博会交相辉映的精彩历史。

一、谁拉开了现代通信的序幕——电报的改良与世博会

电报的发明成为整个通信史上最重要的里程碑之一。此前，所有的通信都是由实体完成的，比如烽火报警、鸿雁传书、旗语等。电报实

现了用虚拟的方法传递信息，打破了空间的限制。电报不仅可以独立于实物，而且可以独立于运输工具而运动，这在当时可是件大事。因为在电报发明之前，信息的传递无论靠两只脚，还是马匹、火车，都离不开运输工具。说来难以置信，19世纪中期美国一些地方的铁路调度居然靠的是骑手，铁路沿线每隔5英里有一个骑手策马来回跑动，向面临撞车的火车司机发出警告。

到1851年首届伦敦世博会，西门子的指针式电报机隆重参展，表明电报系统已经进入欧洲社会生活。在1876年费城世博会上，爱迪生发明的四通路电报机展出，其突出的高效率大大减少了电缆输送系统的投入，因此受到电报通信运营商的很大关注。电报在世博会的亮相，也象征着现代通信手段的起步。电报的产生和改良都是需求与技术的完美结合，旧的生活节奏和时间观念被替代，通信技术所带来的变革日益渗透到普通人的日常生活和实践经验意识之中。

1. 从莫尔斯到西门子

相信中国观众对影片《茜茜公主》相当熟悉，其背景就是19世纪中

莫尔斯于1837年发明的电报

叶的贵族社会生活。比如影片提到了那个年代里由莫尔斯发明、西门子创制的电报系统,茜茜公主要给远在巴伐利亚的父亲传电报,报务员用打孔机把组合好的电码在纸条上打孔,然后用手快速运转发报机(发射机)把信号从打好孔的纸带上拍发出去,茜茜公主带着好奇的神情看着报务员的操作。在当年,电报是格外新奇的新生事物。

人们都知道,电报是由美国画家塞缪尔·莫尔斯(Samuel Finley Breese Morse, 1791~1872)于1840年代前后发明的。莫尔斯在美国国会3万美元的资助下,在华盛顿与巴尔的摩两个城市之间,架设了长约64公里的线路,在1844年5月24日进行电报发收试验。年过半百的莫尔斯在预先约定的时间,兴奋地向巴尔的摩发出人类历史上的第一份电报,他的助手很快收到那份只有一句话的电报:“上帝创造了何等的奇迹!”

然而,电报作为展品出现在首届世博会上,其所有者不是美国的莫尔斯,却是德国的维尔纳·冯·西门子(Werner Von Siemens,1816~1892)——著名的西门子公司创始人。西门子不是电报的发明者,却是让电报在欧洲大规模应用的人。1851年的春天,西门子公司高层亲自前往伦敦,监督西门子公司展品的筹备情况,以便能够更好地推介展示公司的技术和产品。西门子在首届伦敦世博会上的重量级产品,除了铁道交通信号电铃装置外,无疑就是吸引众人眼球的指针电报机了。这个由西门子研制的快速可靠的通信机器,从根本上改变了当时的通讯技术。在这届世博会上,西门子不仅展示了最新技术,同时还告诉人们,如果没有通讯技术的创新,工业技术的进步是无法想象的。西门子初战告捷,首次亮相就获得了该届世博会的最高荣誉“参议会奖章”。

2. 西门子:来自雪茄烟盒的灵感

作为一名电气工程的先驱、天才的发明家、科学家以及慧眼独具的企业家,维尔纳·冯·西门子在推动19世纪下半叶科学技术的发展和引入与日常生活相关的革新成果方面发挥了重要的作用。在1846年,没有人会想到雪茄烟盒、锡板、铁片和绝缘的铜线能够组装成为一台指针式发报机,然而西门子却做到了这一点。他发明的这台简单、可靠的电报装置不仅将他引上了成功之路,而且也为西门子公司跻身于世界最大电气公司之列奠定了基础。

1846年,西门子产生了一个对惠斯登电报机进行改进的想法:他采用最简单的方法设计了一个指针式电报机并委托他在物理学会上结识的机械师约翰·乔治·哈尔斯克来制造这一装置。最初,哈尔斯克对西门子的这项发明表示怀疑,但这种态度很快烟消云散,反而他对这种结构简单、性能可靠的装置产生了极大的兴趣,并立刻着手对指针式发报机的机械部件进行了改进,为后来两人合作成立公司奠定了基础。

1847年10月,西门子和哈尔斯克在柏林创建了他们的公司:西门子&哈尔斯克电报机制造公司(这便是现代西门子公司的前身),一周后他们获得了指针式电报机设计的普鲁士专利。新式电报机的生产逐步扩大,年底时公司已经拥有了10名员工。

在1848年夏,德国政府与成立不久的西门子&哈尔斯克电报机制造公司签订了一项协议,在柏林和莱茵河畔法兰克福之间铺设通讯线路。电报线全长500公里,这在当时的欧洲大陆上无疑是最长的。当时德国国内革命风起云涌,政府害怕国有的电报线被人破坏,因而在作战部的授意下,电缆改为在地下铺设。但是事实证明这项计划是不切实际的,由于耗资巨大且时间紧迫,只有一半线路,即柏林到爱森纳赫之间的部分是在地下铺设的,其余部分则改在空中架设。根据原计划,整条线路包括10个电报站、18台指针式电报机。但在建造过程中,政府将合同的范围扩大,将德国北部最重要的城市也列入了计划中。

1849年3月28日,指针式电报机迎来了它的具有历史意义的时刻。腓特烈·威廉四世在普鲁士的选举中当选德意志皇帝的消息在官方公布一小时之内就通过电报线传到柏林。这件事具有双重含义:不仅选举出一位皇帝,而且选举的结果以一种令人难以置信的速度传递到很远的地方;与此同时,腓特烈·威廉四世虽然拒绝了皇位,但他在当年却批准了电报机的公开使用。

由此,也意味着指针式电报机成为当时欧洲最先进的通讯工具,意味着西门子&哈尔斯克电报机制造公司是欧洲最先进的电报机制造厂商。所以在1851年伦敦首届世博会上,来自西门子&哈尔斯克电报机制造公司的指针式电报机成为当时最具领先地位的通信展品。

3. 爱迪生的四通路电报机

1876年费城世博会,爱迪生发明的四通路电报机展出。爱迪生在1872~1876年间对电报机进行了多次革新,到美国专利局去了近百次。专利局局长钦佩地说:“在通向我这里的道路上,年轻的爱迪生留下的足迹最多。”发明家辛勤的劳动最终取得了回报,他研制成功四通路电报机,大大提高了电报系统的效率。

早期的电报机,一次只能传递一个讯息,而且不能同时交换信号。到1870年代初,电报网的扩建已不能满足对电报迅速增加的需求,而且,电报线的价格也极为昂贵。因此,提高电报通信系统效率的问题已成为电报急需解决的新课题。简单说来,爱迪生的四通路电报机就是电报传送自动化的实现,是在当时技术的基础上提高电报通信效率的最佳方式。

爱迪生在实践中早已注意到电报传送的费用问题,也同时注意到应提高电报通信系统的效率,并且,几年前他在印第安纳波利斯当报务员时,就已经开始做这方面的试验。当时美国通信运营商特别看好爱迪生,预付给他4万美元。爱迪生解决了长途线路收报时脉冲混淆的问题;改进了接收器的针,使电码不再有中断处或污点;改进了打孔机,用一种犹如打字机的装置来打孔,使接收到的电文不是以洞显示,而是以打印形式显示出来。改进后的电报机可以在250英里长的线路上,以每分钟200个单词的速度发报。

在进一步提高效率的时候,又出现了新的问题,韧度不高的纸带承受不了高速度。说来令人感动,为了解决这个难题,爱迪生从纽约、巴黎和伦敦订购了大量化学、化工书籍,夜以继日地阅读这些书籍,吃饭也不离工作台,睡觉只是在椅子上靠靠。一连6个星期不停歇地阅读,他读完了这些书,并写下了一本厚厚的提要和公式,和助手一起做了大约2 000次试验,制出了浸透铁盐溶液的高质量石蜡纸带。1872年8月16日,爱迪生递交了对利特尔自动电报系统进行各种改进和变动的专利特许证申请书。

英国邮电管理局邀请他赴英国演示他的新电报机。1873年,爱迪生带着一个小手提箱、三匣子机器和工具,由一个熟练的报务员陪同启程赴伦敦,那是他第一次出国。爱迪生在伦敦–利物浦线上做了演示。他克服了演示时遇到的恶劣气候环境,顺利进行了演示。1873年冬,电报机改进工作获得圆满成功,成果要比预料的更为可观。新型电报机在纽约、华盛顿之间完成了每分钟1 000字的收发,在纽约、费城间的收发速度达到了每分钟3 000字。

4. 爱迪生：灵感突发在婚礼上

在1876年费城世博会上，爱迪生受到所有人的赞誉甚至崇拜。对于商界来说，他的四通路电报机意味着更为丰厚的利润空间；对于民众来说，四通路电报机的出现将改变人们未来的生活方式。爱迪生的朋友们向大家讲述了四通路电报机改良过程中的一段往事——发明家抓住了在婚礼上突发的灵感，而冷落了新婚的妻子。

那是1871年圣诞节，爱迪生和玛丽举行了婚礼。婚礼仪式刚结束，爱迪生把脸贴近新娘，轻声央求说："亲爱的，我有点急事到工厂去一趟，一会儿就回来陪你吃晚饭，好吗？"玛丽心想，这种时候他是不会耽搁太久的，于是同意了。谁知爱迪生一去就不见了踪影。宾客们不见了新郎，也就各自散了。只剩下新娘一人，在新房内孤独地等待。

原来，就在婚礼中，爱迪生脑海里突然浮现出一个改制自动发报机的方案。近日来他一直苦思冥想而毫无头绪，现在让喜事一冲，灵感来了，他等不及了，急于去做实验，也就顾不得陪新娘和宾客了。

爱迪生一进实验室，就脱下礼服，全神贯注地干了起来。除了实验，他什么都忘了。他的朋友，工人约瑟夫·默里来到实验室，猛然看见爱迪生正在聚精会神地做实验，不禁大喊了起来："好啊，先生，人们到处找你，你却躲在这里，新娘都快急坏了！""现在是什么时间？"爱迪生好似回过神来了。"已经是晚上12点啦！""我必须回家，"爱迪生急了，"今天是我结婚的日子，我不能让玛丽一人呆在那里！"

二、谁吹响了现代通信的号角——电话的改良与世博会

电话从诞生至今已经一个多世纪，这项发明极大地改变了人们的生活方式。今天的人们简直无法想象没有电话的日子。

1. 体验电话的雏形：贝尔的专利与1876年费城世博会

在1876年美国费城世博会上，因新展品太多，亚历山大·格拉汉姆·贝尔(Alexander Graham Bell)发明的电话机没有引起人们的注意。贝尔的朋友要贝尔到现场当众演示，当时巴西王子也在现场参观。当王子拿起电话听筒听到贝尔从另一个房间传来的声音时，非常吃惊地说："我的天哪！这个钢铁做的玩意儿竟然会说

话！”经过评审，贝尔获得了发明金牌奖。实际上，1876年费城世博会展出的贝尔电话机只是刚走出实验室的原理机，是电话的雏形。1875年6月2日，贝尔第一次实现了距离有线传话的实验，历史上公认这一天为电话的发明日。当时，贝尔通过实验装置喊：“沃森先生，请过来！我有事找你！”在另一间实验室的沃森助手听到召唤，像发疯一样一跃而出，一路大叫“我听到了贝尔在叫我！我听到了贝尔在叫我！”人类通讯史在这一刻翻开了崭新的一页……至今，美国波士顿法院路109号的门口，仍钉有一块铜牌，上面镌刻着：1875年6月2日电话在这里诞生。

两位来自俄国的参观者彼得和伊万，也是在费城世博会上第一次看到了这一新生事物，彼得被这个神奇的玩意儿惊呆了，就去问他的朋友伊万电话是怎么工作的。伊万喝的墨水比他多，得意地说道：“很简单，你想啊，就像一条大狗，狗头在奥德萨，狗尾巴在基希涅夫，你踩了一脚狗尾巴，狗头就在奥德萨叫了。”彼得认真地想了一下，对伊万的话进行了补充：“亲爱的伊万，应该是两条大狗，另一条狗头在基希涅夫，狗尾巴在奥德萨。”这个笑话反映了在贝尔电话发明的初期，人们对电话的感知刚刚开始，一切体验都是从零开始。当然，人们也无法想象电话会给今后的生活带来什么样的改变。

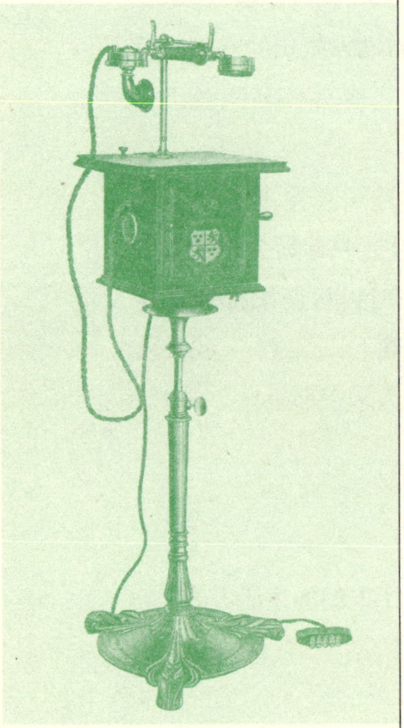

（上）贝尔电话公司的海报
（下）贝尔电话公司的早期产品

1876年费城世博会上展出的贝尔电话机，当时的性能还不完善，音量微弱，通话人的声音严重失真。听筒也作话筒用，对着话筒说话，就不能听到对方说的话；听对方说话时，话筒就要紧靠耳朵，自己就不能说话了。贝尔在美国专利局申请电话专利权是1876年2月14日，就在他提出申请两个小时之后，一个名叫格雷的人也走进专利局，同样申请电话专利权。1876年3月3日，在贝尔29岁生日的时候,他的专利申请获得了批准。实际上在莫尔斯电报发明后,无数科学家就试图直接用电流传递语音,贝尔是以微弱的领先通过了以电传话的实验,发明了电话的第一个雏形,而当时科学发明界对电话的普遍关注为电话的改良发展奠定了基础。以今天的视角看,1876年费城世博会展出的贝尔电话机就像是一只"丑小鸭",在日后众多科学家的努力下,它终于成为了通信领域的"白天鹅"。

2. 爱迪生:我很高兴为电话的改良而尽力

"我现在正在试验着一种电话,但还没有完全成功,然而,这比贝尔式的要完善得多了。他虽然已经得到了专利,但也不必恐慌,他的机器有许多缺点,一时还不能供日常应用。"这段话摘自爱迪生在1875年给朋友的一封信,谈到他对贝尔电话机的评价和他自己对电话的改进。他认为电话的发明并未结束,还有许多工作可做。实际上,爱迪生在研究电报机的时期,就已经对通过电线用电传送声音的问题感到兴趣。爱迪生在1875年设计出"音叉电报",他的目的是要达到有声的电报传送。在这一系统中,已可以清楚地看到磁性电话接收机(在贝尔取得电话试验成功前)的工作原理了。

这时,西方联合公司的董事长威廉·奥顿出于商业的考虑,请爱迪生帮助改良电话。奥顿购买了格雷的电话专利而拒绝了贝尔,但他又担心自己公司的业务受到贝尔公司的影响而衰退,于是他出资请爱迪生改良电话。奥顿说:"爱迪生先生,能够对电话加以研究改良的人,除了你之外,再也没有其他的人能够担此重任,因此,无论如何请你一定要帮这个忙!"奥顿答应5年中每周付给爱迪生150美元酬金,作为西方联合公司使用爱迪生改良设计的回报。

爱迪生明确地表明了自己的观点:"你害怕贝尔公司迅速发展,因而请我改良电话,我答应你改良电话,但是有一点必须先声明,那就是我改良电话的用意和贝尔先生是没有任何关系的。制造一些让世界上所有人都深感需要的实用物品,这是我多年来的愿望,所以我要照我的愿望去改良电话。我很高兴为电话的改良而尽力。"

3. 爱迪生的碳粒话筒与1878年巴黎世博会

爱迪生研究了贝尔等人的发明,决定从话筒入手。于是,他开始进入了一个全新的研究领域。为了成功地设计出可以实际应用的话筒,爱迪生付出了艰辛的劳动。首先,他采用了一种完全不同的传送方法,爱迪生希望以改变电源的方法来产生更强、更清晰的信号。于是他想到了在试验四通路电报机时的一项发现：平衡电流法。他通过某种材料与电流的"对抗"，使电阻减弱的原理来调节电流通过时的强弱。这样电阻就可以随压力的大小而产生相应的电流。这个想法无疑对贝尔的电话做出了实质性的改良。接下来，补充电力则成了主要问题。爱迪生使用一个双线圈设备，其中一个线圈接电池，另一个与电话机相连。当声音进入传话器时，第一个线圈就因振动而感应出电流，这股电流流入另一个细线绕成的线圈时，强度便可放大数倍。有了这足够的电流，声音就可以被送得更远了。实验证明，改进后的电话音量增大了，但清晰度仍不理想。

爱迪生试着用水、海绵、湿纸、毡、石墨薄膜等作为送话器盒的填充料。但一次又一次的试验，结果均不佳。爱迪生转而用各种纤维进行试验，还是不成功。一连数月，爱迪生仍然进行着试验。一天晚上，他正在实验室做试验，忽然油灯不亮了，他发现一种被称做炭黑的物质把玻璃灯罩熏黑了。这种乌黑油腻的烟油像丝绒般在爱迪生的指尖上滑过，它引起了爱迪生的兴趣。他把这些炭黑涂在一个金属的轮状物上，做成类似纽扣的小盘。将这种小盘装在一个铁皮上，上面压上另一片铁皮，再上面是振动膜。接通电话后，话筒中发出了清晰、有力的声音。新的电话机通话距离由几英里一跃而提高到了数百英里。

1877年，爱迪生取得了碳粒话筒的专利。1878年巴黎世博会，爱迪生展出了这种新型电话话筒。爱迪生碳粒话筒的原理一直沿用至今。

人们在1915年巴拿马世博会上表达了对未来电话的畅想

4. 长途电话的发展与1915年巴拿马太平洋世博会

贝尔作为电话的发明者，一直都没有停止对电话的改进、对通话设施的研究，他通过自己的公司实施并推广了自己的发明。

1878年，贝尔在波士顿与相距300多公里的纽约之间进行了长途电话实验。两地实验现场聚集了不少人，有双方的现场听众可以相互聆听、相互交谈。贝尔请来了歌手对着长途电话演唱，中途出了个小小的问题：表演最后节目的歌手听到贝尔的声音后紧张得出不了声，急中生智的贝尔让助手沃森代替歌手演唱，沃森鼓足勇气的歌声使双方的听众不时传来阵阵掌声和欢笑声，试验获得圆满成功。

1915年巴拿马太平洋世博会上，贝尔在开幕前接通了洲际电话，开幕后每天都可以在世博园免费打跨国长途电话。许多参观者特地赶来体验一下，为远方的亲友送去问候，也聆听遥远而熟悉的声音，他们经常没有考虑到地球上的时差，打搅了远方还在睡梦中的亲友。另外，在这一届世博会上还展出了巴拿马运河的巨大模型，跨度5英亩。主办方考虑到解说声音太大会造成环境嘈杂，声音太小参观者又不能清楚听见，所以让每位参观者手持电话听筒，一边在环绕运河模型的移动平台上参观，一边聆听接收机里的讲解。结果，整个展示现场保持了安静。这是电话在世博会上的另一种应用。

5. 现代通信环境与现代世博会

在我们的记忆中，早期的电话是没有拨号盘的，所有的通话都是通过接线员进行，由接线员将通话者的线接上相关的线路。拨号盘电话开始于20世纪初，当时美国马萨诸塞州流行麻疹，一位内科医生因担心一旦接线员病倒造成全城电话瘫痪而提起的，从此才有了当代电话机的外形要素。

1965年，贝尔公司的1号电子交换机问世，它是世界上第一部开通使用的程控电话交换机。1980年，西门子的第一个EWSD数字电子电话交换系统安装成功，这是当时世界上最成功的电话交换系统。1985年，全球第一台现代意义上的商用移动电话诞生，这个包括电源和天线的盒子重量达3公斤，需要像背包那样背着行走，所以叫做“肩背式移动电话”。至今，全世界大约有10亿电话用户，其中还包括3亿因特网用户分享这个电话网络，人们写信也是通过这根细细的电话线来传送。

毫不夸张地说，电话通信网络是当代社会生活的基础，是现代人生活方式的一部分。电话类的通信产品，已经不能成为现代世博会的展品了。电话作为19世纪出现的时代符号，已经没有足够的魅力来吸引今天的世博会参观者了。人们不再关注电话，是因为太习以为常，而不是不重要。我们无法想象一个隔绝通信的现代世博会。现代通信环境让更多的人以更快捷的方式去了解和欣赏世博会。

如果你是一位记者，可以将你采写的世博会新闻稿在瞬间传到地球另一边的报社。无论在德国汉诺威世博会还是在日本爱知世博会，主办者都设有专门的新闻中心，配备先进的通信设施。

如果你是一位参观者，通过随身携带的手机类移动通信设备，可以与万里之外的亲朋好友分享世博会的精彩。你不必像1915年的世博会参观者那样辛苦地排队打长途电话，你也不用担心话筒的传送质量而喊破了嗓门。

……

三、谁点亮了寒冬的夜空——电灯的发明与世博会

电灯是19世纪末最著名的一项发明，也是爱迪生对人类最巨大的贡献。人们对爱迪生作出高度的评价：希腊神话中说，普罗米修斯为人类偷来了天火；而爱迪生却把光明带给了人类。1878年巴黎世博会，展出了爱迪生发明的用钨丝制作的白炽电灯。然后，爱迪生孜孜不倦地对电灯进行了改良，延长了电灯的使用寿命，并发明了配套的供电设备；在美国，爱迪生有意识地通过自己办展览、邀请媒体记者参观的举措来宣传电灯日益改进的性能；到1881年巴黎电力博览会，爱迪生展出经过改良的电灯和供电发电机，震动了整个欧洲；1893年美国芝加哥哥伦布纪念博览会，爱迪生发明的氮气电灯把整个展览馆照亮。这一时期的世博会见证了电灯的发明与改进过程。

世博会历史上最伟大的科技明星——爱迪生

1. 告别黑暗的纪念:“爱迪生日”与1915年巴拿马太平洋世博会

1915年巴拿马太平洋世博会上，设置了一个特殊的节日：10月21日的“爱迪生日”。“爱迪生日”是为了纪念爱迪生发明电灯36周年，体现了全世界对爱迪生的爱戴和敬仰，因为是他，将人类从黑夜沉沉中解放出来。为庆祝“爱迪生日”，世博会举办了一次盛大宴会，它的奇特之处在于所有的食品都是用电加工出来的，当然，这在微波炉进入寻常百姓人家的今天来说，是不足为奇的。而在当时，这是一种别出心裁的设计，人们用这种方式来表现电的神奇和重要。爱迪生亲自出席了“爱迪生日”，并指着一根备用蜡烛说：“我曾说过，当电灯普及之后，只有奢侈者才用蜡烛。”

36年前——1879年10月21日，一个德国籍的玻璃专家按照爱迪生的吩咐，把灯泡里的空气抽到只剩下一个大气压的百万分之一，封上了口。爱迪生接通电流，他们日夜盼望的情景终于出现在眼前：灯泡发出了金色的亮光！这一天后来就被定为电灯发明日。连续用了45个小时以后，这盏电灯的灯丝才被烧断，这是人类第一盏有广泛实用价值的电灯。

爱迪生在回忆这难忘的时刻时说：“我们坐在那里留神看着那盏灯继续燃烧着，它燃烧的时间越长，我们越觉得神驰魂迷。我们中间没有一个人能走去睡觉——共有40个小时的工夫，我们中间的每个人都没有睡觉。我们坐着，由心中企望到洋洋自得地注视那盏灯。它继续燃烧着共约45个小时的工夫”。当时有人说：“即使造出来，人们也点不起。”爱迪生则坚定地回答说：“当电灯普及之后，只有奢侈者才用蜡烛。”

1879年11月1日，爱迪生申请对碳丝灯的专利，说明：“甚至一根棉线在正确地炭化之后，置于百万分之一大气压的真空玻璃灯泡中，就可以对通过的电流保持100~500Ω的电阻，在极高的温度下也能保持绝对的稳定。”1880年，爱迪生获得了电灯发明专利权。

2. 这是大自然都办不到的：1879年除夕夜的光明

1879年12月下旬，爱迪生才公开告诉人们他试验电灯成功的消息。为了利用传播媒介对电灯进行翔实的介绍，他请来了纽约《先驱报》的记者马歇尔·福克斯，允许他随意参观实验室，随意提问。1879年12月21日，福克斯在《先驱报》发表了关于爱迪生发明电灯的震撼世界的报导。文章占据了整版篇幅，使用了充满激情的语

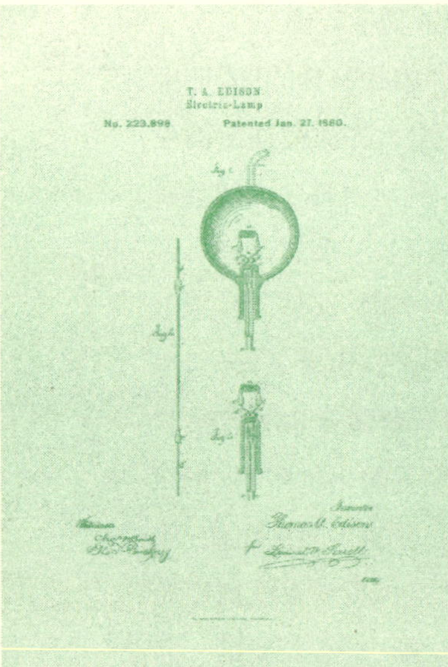

爱迪生于1880年获得电灯发明专利权

句："不用煤气，不出火焰，价比油廉，然而却光芒四射"、"关于他在电灯、燃烧器和发电机方面不知疲倦的试验"、"在棉线上的成功"、"魔术师的喜剧"等。福克斯把爱迪生的魔法讲得有声有色，扣人心弦：把电流通到"一口气就能吹走的小纸条上"就产生了一种明亮的、美丽的光，像意大利秋天日落时分的柔光。

爱迪生无意于作出谦逊的姿态，他宣布自己在门罗公园试验工厂于1879年除夕开始用这种神奇的新光源来照亮，这是一次戏剧性的展览。从圣诞节到新年这一周时间里，人们成群结队地前往门罗公园，去观看爱迪生的奇迹。这是一个非常不平凡的除夕晚会，在1879年最后一个寒冷、大雪纷飞的晚上，宾夕法尼亚铁路公司载了3 000人来到门罗公园，他们来自纽约和费城。纽约《先驱报》于1880年初对这一非凡的景象进行了报道："由于来客络绎不绝，一个只能容纳30位技工工作的实验室已经停工一个星期了。这些参观者从四面八方赶来，使这个方圆数英里的小镇停满了形形色色的车辆——这当中有男、有女，有农民、技工，也有各种体力劳动者和孩子，与此同时，火车上又走下银行家、掮客、资本家、观光者，以及急于要做生意的有关方面代理人。"

爱迪生叫工作人员从试验厂房到车站一路上都装上电灯，等第一班火车进站后，立刻亮灯。当火车开始到达时，爱迪生开动机器，40个白炽灯泡全部点亮。电灯像金色的花朵闪闪发光，把雪地照得通明。从火车上下来的人，一个个看得目瞪口呆。研究所庭院内发光的数百盏电灯使人们神魂颠倒，为之目眩，他们惊奇得都屏住了呼吸。使他们难忘的不仅是这些灯本身，而更多的是这些灯竟能随时开关。这是他们从未见过的最神奇的东西，这里简直像另一个世界！他们都为历史上这一伟大发明赞叹不已！人们忘了寒冷，到深夜12点还不想回去，到处听到有人高喊："爱迪生万岁，爱迪生万岁！"

"这是大自然都办不到的事情。"一个人这样说道。

"你曾见过这么漂亮的东西吗？"另一个人说道。

一位当地老人给灯丝取了一个英语绰号，叫做"烧红了的发夹"。他说："看起来是很漂亮，可我就是死了也弄不清这烧红了的发夹是怎么装到玻璃瓶子里去的。"

晚会所使用的电灯，寿命是170个小时。短短两个月时间，爱迪生已做了这么大的改进。他在致词时说："大家称赞我的发明是一种大成功，可是这尚在研究途中。在灯泡的寿命没有到达600小时以前，还不能算是成功。"这一句话，使参观的人又一次感到惊讶。1880年1月3日美国《哈泼尔周刊》刊载记者一篇《白炽灯之印象》的报道说："此事似难置信……竟可发生电光……为最明洁而纯粹之光，如一团球状之太阳光，毫无毒害我人之任何气体或蒸汽，不受气候或风雨之影响，不需

电灯的发源地——爱迪生实验室

火柴引燃，亦不放烟气，具有均匀稳定之光亮，一如晴天时之太阳光，但其所费价格，则又较最便宜之油灯为低。”

人们开始编造爱迪生的故事。许多愚昧无知的人相信，夜空里的星星一定是爱迪生挂在天空的一盏电灯。几百人致信爱迪生，打听传说中的“爱迪生星”的情况。爱迪生最后叫纽约《先驱报》刊登他的声明，说明他没有拿星星做实验。1879年夏，每股100美元的爱迪生电灯公司股票曾跌至20美元。经过圣诞节后那次成功的展览，公司股票价格又开始暴涨。康克林参议员放出消息说，他正以每股3 000美元的标价购进。银行家奥古斯特贝尔蒙更不甘落后，称他正以3 500美元一股的价格收购爱迪生电灯公司的股票，并表示以后愿以此价继续购入。拥有相当股权的摩根公司的德莱克塞尔也在盘入爱迪生股票。小股东们都紧握住手中的股份，希望能出现每股5 000美元的市价。

3. 新的照明系统与1881年巴黎电力博览会

1881年，法国巴黎举办电力博览会。爱迪生和他的助手们准备以巴黎为中心，将电灯和电力成扇面状通向这个有着更悠久历史的大陆。

爱迪生为了要在这次博览会上展示自己的成果，特地制造了一套重27吨，可以供1 200只电灯照明的发电设备，这是当时世界上最大的发电机。1881年6月25日，他先在戈克街工厂试验，第二天早晨5点，发电机曲轴忽然折断。爱迪生与助手们又装上了一根新曲轴，还算顺利，在距开船4个小时时，试验结束。爱迪生回忆说：“此刻每个人干什么都已预先做了规定，有60个人爬到电机顶，每个人手里都有一份写好的任务。他们迅速地把电机拆开，装上载重车，前面用火警开路，拼命向码头进发。码头上安排了50个人协助搬运工装船。就这样我们提前1个小时完成了计划。”

巨大的发电机陈列于巴黎博览会会场中进行，公开演示，大受外国电学家赞美，争相研究其构造。一个德国专家报道说，这个系统“设想得极妙，连最后的细节都考虑了进去，它的设计很全面，就像在各种城市经过了几十年的试用一样。插座、开关、保险丝、灯座以及任何其他附件，应有尽有”。来自世界各地的成群参观者，对巨大展馆中的一个工作灯塔赞叹不已，那是由爱迪生的功率强大的新型发电机点亮的500个白炽灯（每个相当于16支蜡烛的亮度）组成的。即使是见多识广的人，也被这神秘的电迷住了。和蒸汽机不同，它的动力是看不见摸不着的。一个法国人这样写道："我们还没习惯一个机器靠不是显而易见的物体带动。它们如玄学一样让人费解。它们的秘密，我们一时琢磨不出来。"

更让爱迪生高兴的是，英国科学家威廉·普利斯公开并彻底地承认了错误，他长期以来都在抨击爱迪生，并曾经嘲笑爱迪生对分割电流问题的判断。在参观巴黎世博会后，普利斯写道："爱迪生的整个系统，直至细节，都是精心设计、无懈可击的。对爱迪生和爱迪生的承诺，许多人都有过不友好的表示，在这方面，可能我是最苛刻的人了。现在我可以欣喜地宣布，他终于解决了他所致力于解决的问题。"好像还嫌爱迪生的胜利不够辉煌，法国又授予他荣誉勋章，加上其他众多的盛赞，这一切都抬高了爱迪生新建的巴黎公司的声望和信誉。

通过1881年巴黎电力博览会，爱迪生的电灯和用作光源的发电机技术为欧洲人充分了解。当时来参观展览的有一个德国人叫拉特诺(Emil Rathenau)，他当场就代表他的政府把那些爱迪生的发明专利买下了，不久就组建了一个德国爱迪生&应用电器公司。爱迪生在巴黎展览会获得成功后，法国也出现了一家安装爱迪生电灯系统的公司，不久又在英国、意大利、荷兰和比利时出现了类似的公司。当经营电灯生产和配电系统的商业公司在世界各地出现后，电灯也就点亮了世界的每一个角落。爱迪生已经成为如《纽约时报》所称颂的"普降光明的人"。

当时研究电灯的科学家很多，而爱迪生取得了绝对成功，现在看来，除了他的灵感和勤奋外，还有以下几个方面原因。其一，爱迪生的科学资金雄厚，爱迪生为研制电灯前后投资达50万美元；其二，在人力上，爱迪生有一个技术力量很强的实验组；其三，爱迪生注意到了发电站、输电网等配套工程；其四，爱迪生充分利用了媒体和世博会的宣传效应。

四、谁收藏了你昨夜的歌——留声机的发明与世博会

中国古人用"余音绕梁三日而不绝"来形容对思想对美妙声音的追忆。在没有录音技术之前，无论多么美妙的音乐，都转瞬即逝。

人类记录声音的历史也就140多年。留声机的诞生与演变，这140多年里在录音放音技术领域的日新月异，是人类记录声音的历史缩影。当年，留声机是世界为之

惊讶的发明。时至今日，留声机的情结仍萦绕在世界的每个角落。历史告诉我们，爱迪生和他的留声机通过世博会传遍了世界，当时的世博会也因为这神奇的展品而让所有人充满期待与向往。

1. 爱迪生：这是一台会说话的机器，请你赶快照图样做出来

爱迪生的听力非常不好，有人甚至说他是聋子，尤其是右耳。一天，爱迪生在调试炭精送话器时，因为右耳听力不好，就用一根钢针代替右耳，来检验传话膜片的震动。当他用钢针触动膜片时，随着讲话声调的高低，送话器发出了有规律的颤音。爱迪生见到此景，喃喃地说到："如果反过来，使短针颤动，能不能复原出声音来呢?"这个念头让爱迪生激动不已，偶然间他仿佛发现了一条通向一片新天地的小道。要知道，在当时，声音储存技术是一个无人敢于问津的新领域。

1877年夏季，爱迪生开始研制留声机。这一时期，爱迪生刚发明了电报自动转发机，然后他着手寻找录音和放音的方法，电报自动转发机的发明对他发明留声机是有启发的。

爱迪生说："我的脑子里想的都是声音的振动理论和利用振膜传送声音的方法。所以我很自然地想到，既然能打出可以再现电报机声音的纸带，那么振膜的振动为什么就不能记录下来，再将声音复原呢?"

爱迪生架起一台设备，将一张纸条从中穿过，并在穿纸的过程中喊了一声："你好。"然后又把纸条抽出，他与巴切勒屏息静听。"我们清楚地听到了机器发出了声响，"爱迪生说，"借助丰富的想象，就可将这声响译成'你好'。这样，我决定要进行下一步试验。"

爱迪生又开始用蜡纸做试验。实验室的记事簿上记下了1877年7月18日那天用蜡纸试验的情况。"用带有凸凹纹的膜紧贴蜡纸，随着发音做迅速摩擦。于是我们发出的'斯——、波——、唬——、哥——'的声音振动就被清楚地记录在蜡纸上。"爱迪生又用裹着锡箔的圆筒来代替蜡纸。至此，爱迪生的心里有了底，"会说话的机器"即将诞生了。毋庸置疑，十分完满地储存和再现人的声音最终将会实现。他在笔记中写道："我用一块带针的膜片，针尖对准急速旋转的蜡纸，声音的振动就非常清楚地刻在蜡纸上了。试验证明：要把人的声音完整地储存起来，什么时候需要就什么时候再放出来，是完全可以做到的。"

爱迪生与他发明的留声机

1877年12月初的一天，爱迪生起得很早。他兴冲冲地走进办公室，拿出一卷设计图纸交给他的机械师约翰·克鲁西，请他立即制作。克鲁西展开图纸一看，是一张草图：沿一金属滚筒表面刻出螺旋槽，将滚筒装在一个可以从一端用摇柄转动的轴上，滚筒亦可在轴上作平行移动。在滚筒的两端均装有振膜，每个振膜都伸出一根针可以移到滚筒的螺旋槽。图纸边上批着工价18元。

"这是一台会说话的机器，请你赶快照图样做出来。"看到克鲁西疑惑的眼光，爱迪生把手一挥，急不可待地说。

"机器是不会说话的！"克鲁西不相信，他认为这真是荒谬绝伦。这时在场的卡门也不相信，他说他以一打雪茄打赌。克鲁西情愿出两元钱。

爱迪生说："我没有带钱，克鲁西，可我愿和您赌一桶苹果。"

克鲁西去车间了，他几乎是废寝忘食地工作了30个小时，终于把这台机器做好。爱迪生看到机器和设计图纸完全一样，非常满意。

2. 留声机在朗诵：玛丽有只小羊羔，她的毛发白如雪

1877年12月6日那天，工作人员都集中到了实验室，来观看让机器说话的实验。他们大都是怀疑的，就连爱迪生本人，对这次试验能否成功，心里也没有把握。他说："我也不太相信这机器一定能成功，我期待着能听到人说的一两个词。"

爱迪生将一片薄薄的锡箔卷在滚筒上，调好振膜上针的位置，对准缠在螺线起点的锡箔上。于是，爱迪生轻轻摇起轴柄，滚筒徐徐转动起来。爱迪生开始对着振膜讲话：

"玛丽有只小羊羔，她的毛发白如雪……"这是一首优美的抒情诗。

爱迪生从记录机振膜上退出针，将滚筒转回原位，然后将另一振膜的针头对准锡箔。

他再次摇动手柄。这时，大家都屏住气，屋里静悄悄的。就在这时，奇迹出现了，机器发出了微弱然而无疑是属于爱迪生的声音："玛丽有只小羊羔……" 声音虽然小，而且有点含糊，并不动听，但爱迪生和现场的其他人高兴万分，觉得这是世界上最动听的歌。

克鲁西惊叹道："我的上帝！我有生以来从未这样惊奇过，这台怪机器为什么会说话呢?"克鲁西忍不住问道。

爱迪生指着机器，告诉大家：这台机器的金属筒横向固定在支架上，它的表面刻着纹路；它跟一个小曲柄相连；金属筒旁边是一个粗金属管，它的底膜中心有一根针头，正对着金属筒的槽纹。锡箔下面的金属筒上有槽纹，所以随着歌声的起伏，唱针在锡箔上刻出了深浅不同的槽纹。当唱针沿着波纹重复振动时，就发出了原来的声音。

"原来是这么回事！"克鲁西点了点头。

"对了，还没有给它起名字呢。"不知是谁说道。

"就把它叫做'留声机'吧！"爱迪生想了想说。

1877年12月24日，爱迪生在华盛顿发明专利局登记了他新发明的留声机。那年

他30岁。在申请专利的这段日子里，爱迪生与助手们对留声机做了多处改进，制成了一系列改进型留声机。但这些结构略有不同的留声机仍然显得粗糙，还有重大缺点有待改进。

如锡箔并非是最好的材料，压成的槽纹易磨损，如重复使用，音色愈来愈糟，且贴放与揭脱都不容易；用手操摇把，无论是录音还是放音，都不可能使圆筒作匀速运动，放音时的速度也很难与录音时的速度保持一致；话语虽然完全能听辨出来，但噪音使音色有些失真，由于转速不匀，音质的清晰逼真也很难保持稳定。因此，对留声机的改进，成为爱迪生日后的重要研究内容。

爱迪生决定把留声机的发明公布于世。他把样机带到了《科学美国人》杂志编辑部，该刊主编比奇先生在他的专栏里写道：爱迪生先生"将一台小小的机器放在了我们的办公桌上，然后转动曲柄，机器就开始向我们问安，并问我们是不是喜欢留声机，告诉我们它一切都很正常，还友善地祝我们晚上好。这些话，不仅我们可以清楚地听见，连周围聚拢来看热闹的十几个人也能听见。"各报记者闻讯而来，以致编辑部担心楼被挤坍了。1877年12月22日出版的《科学美国人》详细叙述了这次演示，而纽约诸报也在这一天对此项新发明做了详细报道。

社会公众对这项发明的反应很有趣，当时许多人开始都以为爱迪生先是在机器里面藏了个什么会说话的东西骗人的。有个教堂的主教亲耳听到留声机的放音后，决定在教堂向教徒们演示，他用最快速度对着留声机朗诵《圣经》中的一长串专门名词，这些名词是教徒们当场写在纸条上，主教朗诵后纸条被拿走，而这些名词一字不漏地从机器中重复出来时，人们才相信这留声机确实不假。外界舆论马上把爱迪生誉为"科学家之拿破仑"，留声机成为19世纪最令人振奋的三大发明之一。

3. 留声机与1889年巴黎世博会

爱迪生成了新闻人物，名声大噪。在1878年巴黎世博会上，就展出了爱迪生的留声机雏形。他清醒地看到，刚刚问世的留声机还有一些不理想的地方。爱迪生曾说过："对于一试就成的东西，我总是放心不下。因为长期积累的经验告诉我，新制成的机器总是有一些缺陷的，离定型的商品还有距离。然而，成功无疑是摆在了眼前，没有人再怀疑了。"

为了改进不足之处，爱迪生又马不停蹄地投入研究工作。终于研制了第二代留声机。在第二代留声机的话筒上，加了一个喇叭形的音筒，作为扩音器用；用蜡筒代替锡箔，这样蜡筒可以重复使用；机箱里装上了驱动结构，每次只要上紧发条，就可以自动录放。1888年，他把唱筒留声机装上了电源，用电瓶启动，然后用接有软管的耳机收听。改进后的留声机，声音更加清晰逼真。

在1889年的世界博览会上，专门摆放爱迪生发明成果的展台上，6架复杂而又特别精巧的机器引起了轰动，正像当时报纸报道的："展台

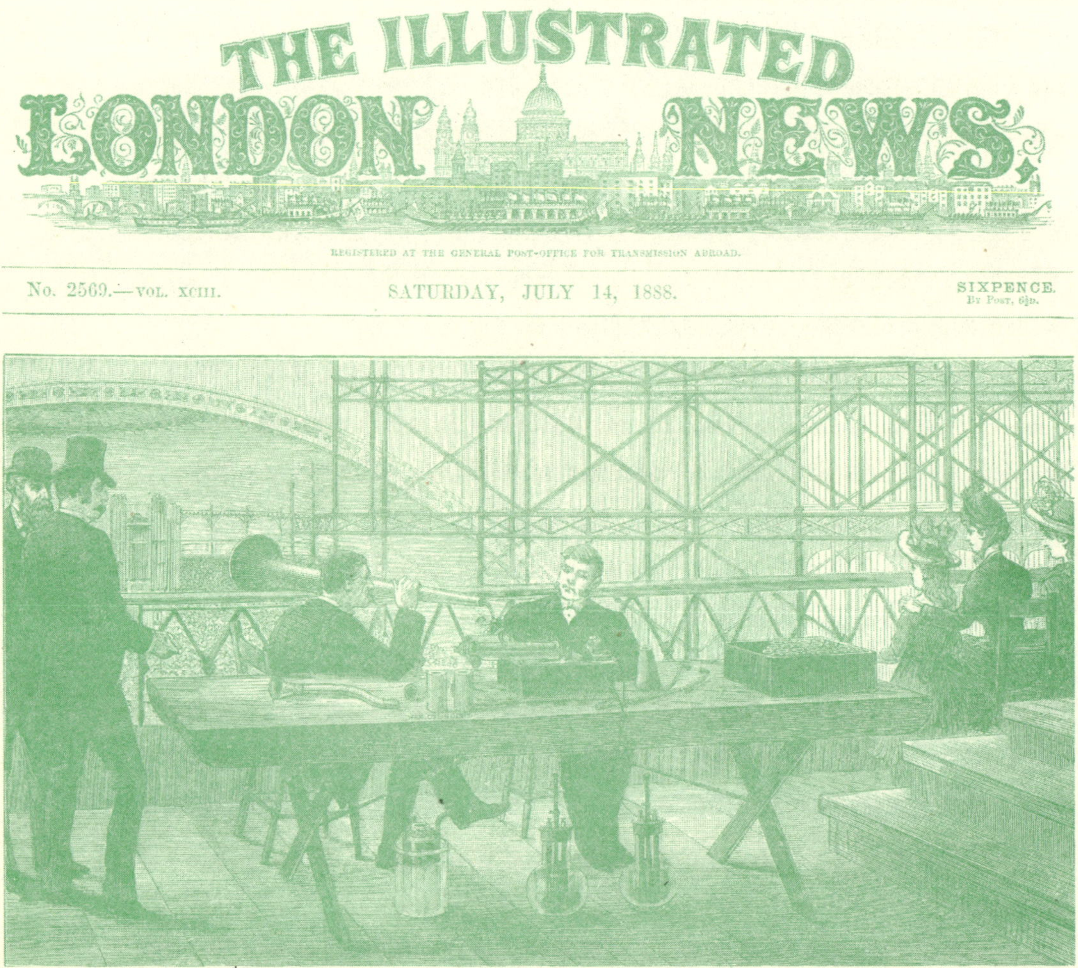
THE ILLUSTRATED LONDON NEWS

REGISTERED AT THE GENERAL POST-OFFICE FOR TRANSMISSION ABROAD.

No. 2569.—VOL. XCIII. SATURDAY, JULY 14, 1888. SIXPENCE. BY POST, 6½D.

爱迪生发明的留声机在欧洲展出

前人山人海，乱哄哄的。”参观者排起了长队，每次可让6个人同时参观。人们戴上从机器中伸出的像听诊器一样的听筒，立即听到了极其逼真和清晰的说话声、交响乐队的演奏声，以及歌唱家的歌声。人们惊呆了，这是真的吗？是不是在欺骗那些极易轻信稀奇古怪事情的幼稚者呢？然而图文并茂的《展览会指南》中明明白白写着：机器里播送出的说话声和音乐声的录音，是在世博会开幕前不久才录制的，而且这种录音可以长时间保存下来，直到录音辊的材料损毁为止。

消息一经传出，每天有3万人前来参观这一令人十分惊讶的闻所未闻的机器。听这架会说话的机器演示的，有法国总统卡诺及其全家，格莱斯顿及其夫人，威尔士亲王（未来的国王爱德华七世）和威尔士公主，莫纳克斯基公爵及其他欧洲皇室及政要，美国总统海斯情不自禁地在留声机旁转了2个多小时。而在世博会闭幕后，爱迪生又在柏林专门为威廉二世和在那里做客的亚历山大三世进行了演示，在维也纳又为法兰西士·约瑟夫皇帝做了表演。德国的俾斯麦对留声机的评价十分幽默：“这机器对外交家来说是一种危险物品，但如果外交家说实话的话，那它就成为一件非常好的东西。”

1889年5月，第一家“留声机店”在旧金山开张。顾客可以坐在一张桌子旁，通过一根管子说话，接着用5分硬币挑选一个片断，然后通过一根连接到房间下面的一台滚筒留声机的独立的管子，播放选中的片断。当时许多公众乐此不疲，到1890年代中期，多数美国城市拥有至少一家留声机店。

4. 也许，斯科特应该早些参加世博会

2008年3月，美国科学家发现了法国1860年的一张“录音纸”，比爱迪生发明留声机早17年。这段录音录制于1860年4月9日，一共只有短短的10秒钟，是一名女歌手在演唱一首法国摇篮曲的片断。它是法国巴黎人斯科特的杰作：通过其发明的“声波振动记录仪”将声波录制到一张被油灯熏黑的纸上而成。美国专家成功地将这张纸上的音波转化为声音，并成功播放。美国音频历史学家戴维·焦万诺尼说：“太神奇了，它听起来犹如幽灵在歌唱。”

这张“录音纸”的出现，改变了一些观点。爱迪生并不是第一个录下声音的人，实际上他是第一个录音并播放的人。当年斯科特利用“声波振动记录仪”录制的声音并不是为了播放，而是为了把它记录下来，以便他进行研究。

也许，斯科特从来没有想到他的录音有朝一日会被播放出来。

也许，斯科特应该早些带着“录音纸”参加世博会，这样人们在提到留声机的时候，脑海中闪现的将不只是爱迪生……

但是，历史是没有“也许”的。

第4章

世博会与精致生活

时代发展过程中出现的每一种精致生活都有坚实的物质基座作为支撑，而相应的科技成果正是这基座上的精巧支点。20世纪早期的精致生活意味着省力、精密、准确、时尚，是由那一个时代的技术水平所支撑的。缝纫机、拉链、蛋筒冰淇淋，是今天人们日常生活中的寻常之物，有谁能想到这如今的平凡在当年却是如何的超凡？它们构成了当年世博会上永恒的经典。无土栽培更是颠覆了人类“面朝黄土背朝天”的耕种历史，在20世纪晚期的世博会上震撼了人们的心灵。

本章撷取世博会上这看似平凡又着实不平凡的几个事例，以与读者共同回望并不遥远的生活变迁。

一、胜家缝纫机——与世博会一起成长

曾经，我们很迷恋祖母的针线箩子。从古老纺纱机前的轻轻一捻，到深院闺秀们拿着绣花绷子穿针一叹，时光已滑过千年。所有跟女红相关的工具，渐渐变得精巧、细致、工业化，其中渗透着岁月磨砺过的细心与耐心。世界上第一台锁式线迹缝纫机、第一台手摇式缝纫机、第一台电动驱动缝纫机……胜家缝纫机150多年的历史，伴随着“哒哒哒”的压脚送布声音，与人类的世博会一起从起步到发展。如今，缝纫机的功能和内涵已发生了天翻地覆的变革。唯一不曾变更的，是那一份由针线带出来的古典和温情，成为女红时代不曾间断的鸣响。

1. 缝纫机的技术基础

胜家缝纫机是在一定的缝纫机械基础上发展起来的。1790年，英国人圣·托马

斯(Saint Thomas)发明了一种先打洞、后穿线、缝制皮鞋用的单线链式线迹手摇缝纫机,这可以称得上是世界上第一台缝纫机了。1830年,法国裁缝巴泰莱米·莱蒙尼埃(Barthélémy La Monnier)兴奋不已——他设计制成了一台能帮他缝纫的机器!当时,莱蒙尼埃认为,这台新机器会使他富有,因为他制作服装可以比别人快得多,而且很省力。1831年,莱蒙尼埃在巴黎开设了一间生产军用制服的工场,但是别的服装生产商听说了莱蒙尼埃的成果,担心他发明的新机器会让他们失业,于是,他们粗鲁地袭击并毁坏了莱蒙尼埃的工场。可怜的莱蒙尼埃逃离巴黎,直到1857年去世时仍然过着穷困的生活。

几乎是同一时期,在地球另一边的美国工人艾洛克·梅里特·胜家(Isaac Merritt Singer)的运气比那位可怜的法国裁缝要好很多,他于1851年生产出了锁式线迹手摇缝纫机,这也是以后出现的所有缝纫机的原型,被誉为继农用锄具发明之后的又一伟大发明,并被称为"世界上最著名的机械"。胜家先生以自己的名字命名了胜家缝纫机公司,这是美国第一家成功的跨国公司,极大地促进了美国工业化的发展。此后,缝纫机开始被大量生产出来。缝纫这一古老的手艺也正式完成了从手工工具到机械精密工具的过渡。

2. 胜家缝纫机的起步与世博会

胜家缝纫机公司是一家对世博会非常热衷的公司。

1853年,首批胜家缝纫机在纽约市工厂开始生产。同年,在纽约世博会上展出了第一代胜家缝纫机。第一代胜家缝纫机已经具备了此后100多年间的家用缝纫机的基本功能,只有几个地方与当代缝纫机区别明显。比如说,第一代胜家缝纫机的梭子是横着摆的,现在缝纫机的梭子都不是采用这种布置方式了;第一代胜家缝纫机是手摇式的,后来比较普遍的是脚踏的,现在工业缝纫机是电动的。最重要的是,胜家1853年的产品到今天仍然能够正常使用,反映了美国的工业产品从一开始就做得比较实用,可靠性高,甚至能历经一个半世纪的岁月考验。中国央视曾专门向观众介绍过胜家第一代缝纫机,对它给予了很高的评价。

1855年,胜家缝纫机在法国巴黎世博会上取得了第一个奖项。从上述胜家缝纫机的技术基础可以看出,缝纫机技术的萌芽在欧洲。但是到了1855年,来自美国的胜家缝纫机已经在欧洲的世博会上独占鳌头了。无论是技术还是生产,胜家缝纫机

历经一个半世纪的胜家早期产品仍可使用

都有着明显的优势。1855年法国巴黎世博会的评审委员会成员来自各参展国，他们对同类产品以同样标准去评判，具有相当的代表性和公正性。评审委员会对胜家缝纫机给予了高度评价，授予同类产品中的最高奖项。这一次获奖，被认为是胜家缝纫机历史上第一个很有分量的荣誉。骄傲的俄国亚历山大三世沙皇得知后，当工人为其帝国军队制作25万顶帐篷时，他特地吩咐要用胜家缝纫机。因此，1855年巴黎世博会以权威的角度，成就了胜家缝纫机的全球性荣誉。

3. 胜家缝纫机的发展与世博会

1859年，胜家公司发明了脚踏式缝纫机。1889年，胜家又研制成功世界上第一台电动缝纫机。到了1891年，胜家公司已累计生产1 000万台缝纫机。到19世纪末年产量已达135万台，当时世界上70%以上的电动缝纫机是胜家制造的。同时，胜家开始在全球开设专门销售胜家缝纫机的连锁店。1893年，在美国芝加哥世博会上，胜家缝纫机实用可靠方便的特点得到了世界的认同。1908年，胜家公司总部在纽约成立，总部建造的摩天大厦是当时世界上最高的建筑物。

实际上，胜家是美国最早实现跨国生产和销售的公司，是世界上

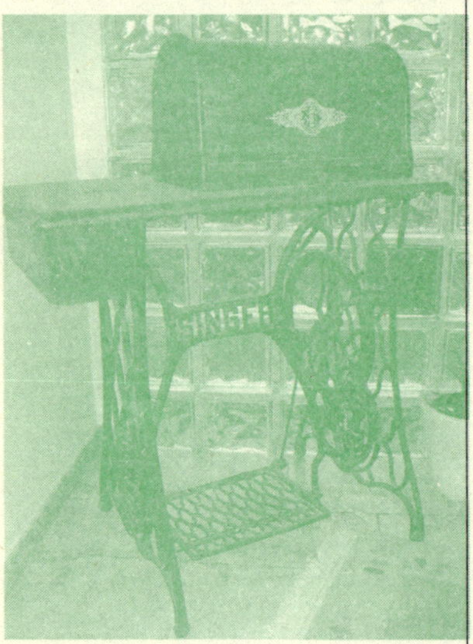

（上）胜家缝纫机为1893年芝加哥世博会准备的海报
（下）胜家缝纫机的零部件生产逐步走向全球化

最早的跨国公司之一。胜家公司除在美国建有制造厂外，很快在销量比较大的国家如英国、德国、俄国等都设有制造厂。在原料方面，缝纫机上零部件所需的各种钢材，均就地取材；而对于缝纫机框架所需的木板材料，则胜家公司在北美加拿大拥有规模相当大的木材林，每年有计划地轮流采植以供需要。胜家公司在美国设有研究院，设计和继续改善各种缝纫机的性能。在设计方面，如顾客需要制造一种针脚复杂的产品，只要用手工制成一件样本来，胜家便可为顾客照样特制一架缝纫机。顾客如果要开一家服装厂，只需说明每天生产的规格，如军服多少套，军帽多少件，军鞋多少双，绑腿多少副，腰带多少条，手枪盒多少个，军毯多少条等等，胜家工程师便代为设计，并代为安装所需的各种机器、马达等设备。

在1915年旧金山巴拿马太平洋世博会上，胜家公司的展区又一次出现在综合工业馆内。有了以往参与世博会的经验，胜家公司进一步改进了展品的表现方式。胜家公司用图片展出了它们在各个时期制造的不同类型的缝纫机产品，既是宣传又便于交易。另外，胜家公司利用民族服装的吸引力来增加参观者的兴趣，使枯燥的机械产品展示变成了让人驻足围观的现场秀。一边是缝纫机的飞针走动，一边是世界各地不同民族的装束，参观者可以现场观看印度、波兰、苏格兰等国家和地区服装缝制的过程。胜家的这次展示，将缝纫机从工业技术产品回归到人类的服饰工具，将缝纫机演绎为各民族服饰文化沟通与交流的桥梁。

4. 胜家缝纫机的全球推广

胜家缝纫机一次次出现在世博会上，每次都以改良的技术面貌或展示方式带给人们新的惊喜，胜家缝纫机的影响力也逐步蔓延到全球，蔓延到每一个家庭。150多年来，无论是在繁华的大都市，还是在偏远的小山村；无论是以裁剪为职业的制衣人，还是为家人准备衣物的主妇；无论是戎马生涯的军人，还是全心经营的商贾，说起缝纫机，人们就会提起胜家，胜家已是缝纫机的同义词，而缝纫机也成了人们生活的一部分。圣雄甘地称赞胜家缝纫机是“少数有用的发明之一”。

胜家缝纫机是较早进入中国的西方工业产品之一。在中国，新中国成立前，缝纫机被叫做“铁车”、“洋机”、“针车”等。中国末代皇帝溥仪曾送给皇后婉容一台胜家牌缝纫机，可见这件漂洋过海的舶来品还显得颇稀罕；在20世纪三四十年代，上海新娘出嫁，有以嫁妆中有“胜家”为荣的观念。当年胜家在进军中国市场时，曾做过这样的计算：当时中国有4.5亿人，一年要缝制9亿件衣服，一部缝纫机（脚踏式）一天连续开动8个小时，可缝制25件，每月可缝750件，一年可缝9 000件。这样一年就需10万台缝纫机。据此，胜家认为缝纫机在中国有长期发展的空间。

1872年12月14日，《申报》登了一则晋隆洋行“成衣机器出售”启事：“新到外国缝衣机数辆，每辆洋价50两，欲购请来本行接洽。”这是至今所能找到的缝纫机最早传入中国的资料。晋隆洋行经销的就是美国胜家公司（当时叫做“辛格公司”）产品。1875年，近代著名思想家、政论家王韬在上海住宅有一位美国邻居，“家有西国缝衣奇器一具，运针之妙，巧捷罕伦。上有铜盘一，衔双翅，针下置铁轮，以足蹴木板，轮自旋转，手持绢盈丈，细针密缕，顷刻而长。”当时还有人作《缝衣机器诗》一首，云：“鹊口衔丝双翅开，铜盘乍展铁轮回，掺掺容易缝裳好，亲见针神手制来。”约1880年，胜家公司在上海南京路（今南京东路446号）设立了上海分公司。为了推销产品，公司以较高的报酬雇佣中国女工，经培训后让她们挑上缝纫机沿街表演，向市民介绍缝纫机的操作方法，宣传它的优越性，胜家缝纫机遂成为妇孺皆知的先进制衣机器。

到1940年，世界上每三台缝纫机中就有两架是胜家产的。胜家缝纫机已遍及世界近百个国家，成为当时风靡世界的名牌产品。

二、可移动的扣子——拉链的发明与世博会

1986年，美国著名的《科学世界》杂志根据广大读者的推荐，从成千上万件发明

中，选出了20世纪对人类生活影响最大的10项发明。这10项发明中有集成电路、飞机、尼龙、火箭、飞艇、电视机、电冰箱等赫赫有名的科技成果，可是名列榜首的却是一件小玩意儿——拉链。1993年，拉链发明100周年。拉链被视为100年来世界上最重要的发明之一，英国BBC电台称其为世界奇迹。拉链自问世以来，已经征服了全世界。现在，有谁能够说，自己从来没有用过拉链？

1. 拉链的雏形，曾与首届世博会失之交臂

拉链的发明雏形，最初来自于人们穿的长统靴。19世纪中期，长统靴很流行，特别适合走泥泞或有马匹排泄物的道路，但长统靴的缺点就是铁钩式纽扣多达20余个，穿脱极为费时。这个缺点让发明家伤透了脑筋，也耗费了赞助商许多的金钱和耐心。为了免去穿脱长统靴的麻烦，人们甚至忍受着整日穿靴而不脱下来的苦恼。

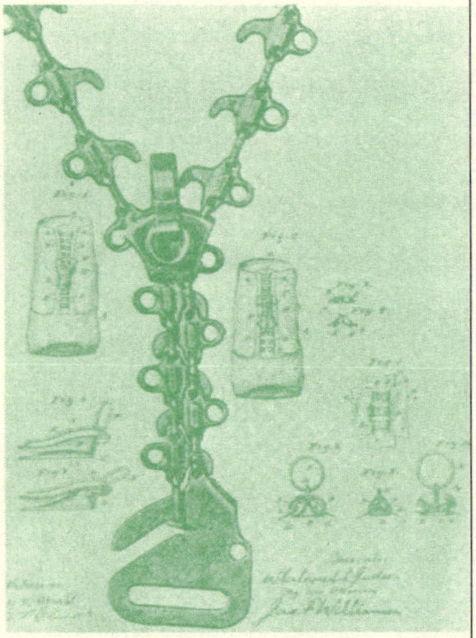

1893年时拉链的模样

终于在1851年，美国人伊莱亚斯·豪威（Elias Howe）申请了一个类似拉链设计的专利，专利号为8540。他在申报专利的报告中写道："我的发明由一串夹子组成，这些夹子通过连接带紧密地连接在一起。连接带可以滑动。"1851年，正是首届万国工业产品博览会在伦敦举行的日子。遗憾的是，由于手头拮据，豪威的设计并未商品化，也不可能呈现到首届世博会，而是安静地躺在专利局的档案中。

2. 可移动的扣子，1893年与芝加哥世博会相遇

1890年，有个叫威特康·贾德森（Whitcomb Judson）的芝加哥制鞋厂工程师带着礼物去看望表姐，下火车时，他看见一位老太太不慎跌倒，随身携带的布袋被撑开，里面的东西撒了一地。贾德森连忙放下自己的提包，去帮老太太，可等他回头拿自己的包时，却发现买给表姐的礼物不

见了——不知什么时候它们从包里漏掉了。这件事发生后，便使贾德森下定了决心：一定要设计出一种能对接缝封闭严实、开合方便的装置。

有一次贾德森到铁匠铺买饭勺时发现饭勺吊得整齐、巧妙：一根水平放置的棍子上，吊着上下两行饭勺，上面的用棍子直接穿过勺柄孔，下面的勺柄朝下，通过勺部与上面的紧紧地咬合在一起。那紧紧咬合在一起的两排饭勺，就成了贾德森设想中的"拉链"雏形。于是，他想出用一个滑动装置（slider-device）来嵌合和分开两排扣子。

1893年8月29日，贾德森申请了美国专利US504038，并在芝加哥世博会上展示了他的新发明：将它制在鞋子上，直接穿在自己的脚上，引起了人们的关注。他把一个个很小的颗粒状金属元件作为连接件，分别交错地嵌在两条布边上，然后通过一个滑动件达到啮合和分开的目的。这就是拉链的雏形，当时被称为"滑动系牢物"，又名"可移动的扣子"。

3. "扣必妥"，无人问津的滞销品

这种"可移动的扣子"，只是1893年芝加哥世博会上昙花一现的新玩意儿，世博会过后就再也无人问津了。因为这种"可移动的扣子"存在严重缺点：笨重、钩环搭接松散，闭合不好，而且容易自动裂开（pop open），拉头移动不顺畅以及制造不易等。尽管贾德森四处游说，但还是没有得到市场的青睐。

时间过了几乎整整10年，人类跨入20世纪时才诞生了世界上第一家生产拉链的公司。1902年，一家原来生产纽扣和花边的曼威尔兄弟对贾德森的发明颇感兴趣，他们买下了专利，注册了"扣必妥"商标，开始生产装在鞋上的拉链。但这对"吃螃蟹"的兄弟却使自己的公司走上了毁灭之路。生产出来的"扣必妥"不是拉不上，就是打不开，有时又突然绷开，使消费者尴尬万分，叫苦不迭。名誉扫地的"扣必妥"成了无人问津的滞销品，公司亏本而关门。拉链，沉寂了。

4. 空难，拉链业起死回生的福音

贾德森设计上存在的缺点，后来被生于1880年的瑞典人森贝克（Otto Frederick Gideon Sundback）所解决。森贝克从1908年起，开始研究拉链的改进。经过仔细观察研究，森贝克认为，"可移动的扣子"之所以闭合不好，容易裂开，关键在于"牙齿"是直的，于是，他把金属牙改成凸凹形的，像个小勺子，使它们一个套一个，这样，金属

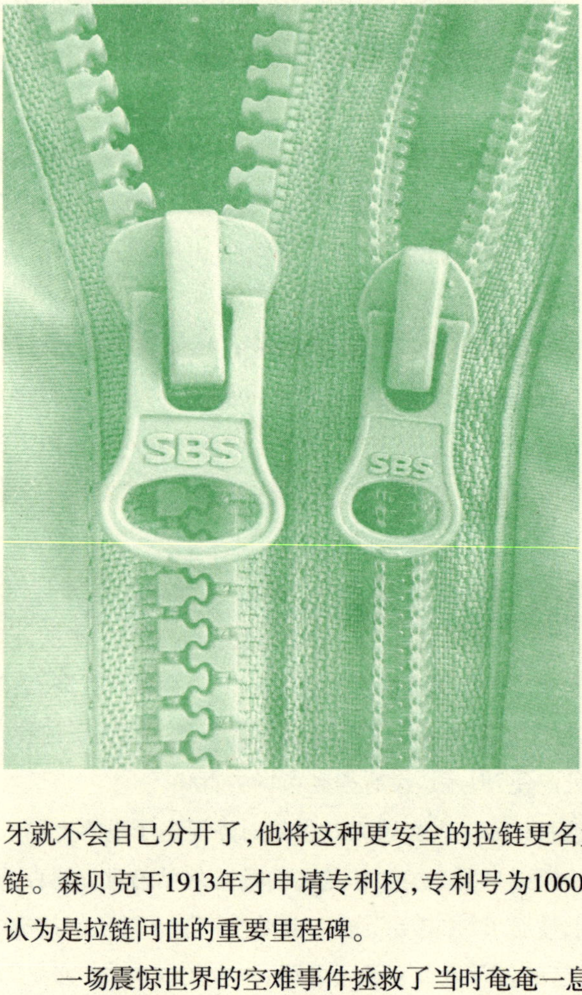

拉链第一次在军服上广泛应用

牙就不会自己分开了，他将这种更安全的拉链更名为普拉扣(Plako)拉链。森贝克于1913年才申请专利权，专利号为1060378，此设计被后人认为是拉链问世的重要里程碑。

一场震惊世界的空难事件拯救了当时奄奄一息的拉链业。巴黎的协和广场风和日丽，经过严格挑选的飞行员信心十足地登上当时最先进的飞机，为大批政府要员和贵宾做飞行表演。但是，当飞机做了几个漂亮的滑行动作后却一个跟斗栽了下来，机毁人亡！经过事故调查小组仔细分析、取证，发现原来是飞行员上衣掉了一个纽扣，而这粒纽扣正好滚进飞机发动机，因此引起事故。惨痛的代价使法国国防部下达了不准在飞行员服装上钉纽扣的命令。欧洲各国纷纷仿效，一直波及太平洋彼岸的美利坚合众国。

起源于世博会的拉链成为20世纪人类最伟大的发明

"我们有希望了！"欣喜若狂的森贝克断定这是使拉链起死回生的历史性时刻。他立即与国防部联系，提出以最优惠的价格缝制新的飞行员军装。飞行员穿上装有拉链的新军装，无疑产生了巨大的广告效应。陆军、海军也纷纷效尤。森贝克不失时机地与美国乃至欧洲的服装制造商联系，大规模批量生产没有口子而有拉链的上衣，拉链绝处逢生，日益走俏。

5. 战争，让拉链产业迅速发展

第一次世界大战爆发后，美国军方人士意识到，军服装上拉链可以提高军人的穿衣速度，于是在衣服的口袋和裤子的前口处试装拉链，此举大受前线将士欢迎。1917年生产的2.4万条拉链军服立即销售一空。1918年，美国又在1万套飞行服上安上了拉链。1924年，美国古德里奇公司从森贝克那里买进专利，将它投入生产，并在商品交易会上当场表演，新的“可移动的扣子”引起了人们的普遍兴趣，大家对它的使用便利、牢靠都赞赏有加，根据它开合时发出的摩擦声，古德里奇公司为它起了一个形象的名字，叫做“Zipper”，即“拉链”，并设计出ZIPPER的拉链商标，使该产品受到了法律保护。

在女性的服装上，安装拉链在当时相当困难，因为女人最忌讳遇到尴尬的事，她们害怕自己的裙子会在不合适的时候门户大开，所以没有女人敢尝试把拉链用在衣服上。1930年代中期，夏帕雷莉，一位漂亮而前卫的服装设计师制作了一件奇特的长袍，这条长袍从脖子到衣服下摆装有一条惹人注目的拉链，模特穿着它的样子非常美丽，其他女士考虑了3秒钟后毅然选择了不顾危险，要美丽的拉链袍子。实践证明，女士们害怕把拉链用于衣服会导致出丑的顾虑完全是多余的。此后，拉链很快在美国普及，20年代末传遍了整个世界。30年代，全世界每年生产的拉链已达6亿条。

1953年拉链又经历了一次革命。德国的奥普提公司用塑料拉链代替金属拉链获得成功，从而大大降低了拉链的生产成本。1955年塑料拉链上市，立即受到消费者的青睐。德国40家生产塑料拉链的工厂因此发了大财。

在六七十年代拉链走向千家万户的同时，它也步入了艺术的殿堂，成为造型艺术的重要题材。1962年，诺伊利希滕斯泰因为拉链画了一幅广告画，并由此一举成名。1968年意大利画家德曼尼科·格诺利以拉链为题材画了几幅超现实主义的画，不同凡响。1974年以拉链为题材的最著名画作“猎手”在美国问世。

6. 从羊蹄靴到病人肚皮上的拉链

当今世界对拉链的需求量很大。世界一年生产多少条拉链尚没有精确统计。仅日本YKK公司每年生产的拉链就有几十亿条。德国杜塞尔多夫连接和固定技术协会估计，仅德国市场每年就需要2.1亿条金属和塑料拉链。当初恐怕谁也想象不到，拉链被人类的想象力运用到何等程度。

这是一个真实的故事，是对人们想象力的一次考验。在一个口蹄疫发病地区，可爱的羊们面临着传染病的威胁，主人决心保护这些濒临危险的羊。按照羊蹄的尺寸，他向一个公司定做了成百上千只短筒拉链羊蹄靴。当羊们第一次穿上这些防护靴时，主人亲自为它们拉上了拉链。

这是现代科技实现的成果,演绎着拉链的无所不能。一个奥地利的外科医生把一条拉链缝进了一个男人的胃。更有趣的是,有一条拉链出现在一个需要不断开刀治疗的病人的肚皮上。医生不必再像屠夫一样不断地对可怜的病人下手。他只需要轻轻一拉,就可以看到病人发炎的肠子,然后进行治疗。再轻轻一拉,病人的肚子应声合上,也不怕有害的细菌感染了。这就是只需拉一下便可缝合伤口的手术拉链,两分钟即可合上伤口,而传统的缝合法通常需要用30分钟。

三、一个世纪的冰爽美味——蛋筒冰淇淋与世博会

冰是夏天街头的标识,热狂者的镇静剂。在各种冰冻食品中,唯有冰淇淋最有艺术玩味,冷幽幽,香喷喷,甜蜜蜜,细腻润滑,美妙悦目,大家都爱和她接吻。

冰淇淋这个甜姐儿,真是玉洁冰清,色香味三者俱全;夏天的街头,哪里没有她的芳名?到处都有她的踪迹。热情的人与她接着甜蜜的长吻,狂热者看到她就想一口吞到肚子里去。因为她有柔和的性质,美丽的色调,诱人的香味,外加有能安静狂热的人们的魔方——冷,谁见了都欢迎她。她是夏季的娇子,炎暑中的安琪儿。

这段写于1936年的诗性文字是迄今为止对冰淇淋最美妙的描述,语出留美归来的中国乳牛业专家吴信法博士。字里行间透出的冰淇淋的灵性可爱,源自吴博士在美国对冰淇淋的体验。

1. 冰淇淋,最初只为处理卖剩的牛奶

1786年时,美国的纽约新闻报上第一次刊登了冰淇淋的广告。大约在1851年之前,已有人企图制造大量售卖之冰淇淋。福塞尔(Jacob Fussell)是美国大批量制造趸卖冰淇淋的第一人,他在50岁以前原为巴尔的摩地方的牛奶商人,以后则努力从事冰淇淋制售工作,以此为他卖剩的牛奶谋取了出路。他在华盛顿、波士顿及纽约建立冰淇淋制造工厂,结果这种食品大受欢迎,有很多人喜欢上了这桩生意。1896年,纽约出现了一位聪明的冰淇淋摊贩马夏雷(Italo Marchiony),他将冰淇淋盛在

可食用的容器里，在纽约街头用手推车出售，一时间生意兴隆。应该说，这是蛋筒冰淇淋的创意雏形。但是，手推车推售的范围毕竟有限，这种冰淇淋的创意吃法也就没有流传开去。

19世纪末20世纪初，冰淇淋逐步便宜而流行起来，街头摊贩也开始叫卖冰淇淋了，冰淇淋品种和消费数量迅速增加。当时有一位美国人莫滕森（Mortensen）将冰淇淋分为10类：纯冰淇淋（Plain Ice Cream）、鲜果冰淇淋（Fruit Ice Cream）、派菲冰淇淋（Parfait Ice Cream）、布丁冰淇淋（Pudding Ice Cream）、乳糖冰淇淋（Lacto Ice Cream）、坚果冰淇淋（Nut Ice Cream）、浓羹冰淇淋（Bisque Ice Cream）、慕斯冰淇淋（Mousse Ice Cream）、奥菲冰淇淋（Aufait Ice Cream）和果汁冰。据1913年美国冰淇淋商业杂志1月号记载，1912年共生产1.54亿加仑冰淇淋。到1930年代，美国冰淇淋年销售至少2亿美元以上。我们从今天的冰淇淋品单上，依然可以看到这些传统品种的身影。

2. 1904年圣路易斯世博会的卷筒冰淇淋

以往，人们吃冰淇淋用的是纸杯、玻璃杯、金属杯和盘子。例如在欧洲，摊主将冰淇淋盛装在玻璃器中，称为“便士舔”（penny licks）。因为每份冰淇淋售价1便士，而且必须用舌头舔着才能吃进嘴。“便士舔”带给人们冰爽美味的同时，也带来了不卫生和不方便的烦恼。人们吃“便士舔”的时候，可能会不小心打碎玻璃器，在没吃完前也没有办法离开摊点，否则就没有办法将玻璃器还给摊主。摊主要另外雇用人来认真清洗玻璃器，弄不好会带给顾客不卫生的印象。这种吃法一直延续到1904年美国圣路易斯世博会。

1904年，在圣路易斯熙攘的世博园区，至少有50多个冰淇淋摊点和10多个薄饼摊点。来自叙利亚的欧内斯特先生（Ernest Hamwi）正在卖一种名叫Zalabia的中东甜品，他家世代以卖这种食品为生。Zalabia是一种薄脆饼，配以糖浆，在叙利亚、黎巴嫩、伊拉克和土耳其的部分地区是非常受欢迎的日常食品。

另一位阿诺德先生（Arnold Fornachou）在欧内斯特旁边卖冰淇淋，起初他以普通的杯碟盛装出售，但当天的客人比预计的多，到中午，所有杯碟就已经用完了，而且重新清洗和准备显然是来不及了。正当阿诺德懊恼着如何应付下午的生意时，欧内斯特将自己的薄饼卷成锥状递给阿诺德。阿诺德就用这中东的薄脆饼卷着自己的冰淇淋叫卖,于是Zalabia摇身就变成了冰淇淋筒。没想到,这种可食用的冰淇淋筒大受欢迎,其他冰淇淋摊贩也纷纷仿效。于是,欧内斯特也同样把自己的Zalabia提供给其他的冰淇淋摊贩。于是,欧内斯特成为世博园里最悠闲又最有收获的摊主。他的薄饼生意自然是好得不得了,他可以悠闲地抽着雪茄,不用像其他商贩那样大声吆喝着去招徕顾客。

这种冰淇淋筒迅速流行,其表现出的时尚性实际上蕴藏着无限商机。不断有人声称这是自己的发明:尼克(Nick Kabbaz)说自己曾为欧内斯特工作,帮助欧内斯特制作Zalabia甜饼,这个发明其实是他的创意;以卖华夫饼为生的亚伯(Abe Doumar)也宣称是他发明了蛋筒;一直出售冰淇淋的大卫(David Avayou)则说是他最早出售可食用冰淇淋筒,“我认为这是我的发明”,这是他以后最常说的一句话。

尽管许多人努力将自己的名字与蛋筒冰淇淋的发明联系到一起,但欧内斯特先生根本无暇顾及到这些嘈杂的声音。1904年圣路易斯世博会后,欧内斯特与合伙人开创了华夫羊角公司(Cornucopia Waffle Company),他走遍全美推销冰淇淋新吃法——“世博会羊角”(World's Fair Cornucopia)。1910年,欧内斯特建立了属于自己的密苏里蛋筒公司(Missouri Cone Company),为区别于合伙公司的产品,欧内斯特称自己的产品为“冰淇淋蛋筒”。后来,欧内斯特也申请了蛋筒制造机器的专利。随着市场的扩大,他的密苏里蛋筒公司也更名为西部蛋筒公司(Western Cone Company)。欧内斯特,在美国演绎了一个叙利亚人与冰淇淋蛋筒的世博情缘。时至今日,在欧内斯特的故乡——叙利亚大马士革,人们一直相信那里才是美味蛋筒冰淇淋的真正故乡……

3. 冰淇淋和蛋筒制作技术的发展

蛋筒冰淇淋在1904年圣路易斯世博会的出现,使冰淇淋迅速成为一种普通消费甜品,这背后得到了冰淇淋和蛋筒制作技术的支撑。据文献记载,冰淇淋的组分配方、制造程序逐步走向标准化。例如大规模生产冰淇淋的4个步骤:调制(Preparing)、冻结(Freezing)、移取(Transferring)和硬化(Hardening),每一步都有严密的操作规范。美国的许多学校及专门学院,也特地开辟冰淇淋制造课程,专门教授此种技术。

对于冰淇淋事业进展最具推动力的因素,是机械冷却(Mechanical Refrigera-

现代世博园的冰淇淋店

tion)及完善的冰淇淋机器。小规模制造冰淇淋时,仅需桶形冻结机一只。其外部为木质圆桶,其内部为可旋转的金属圆桶。金属圆桶内设有搅拌翼,也可以旋转。用时置原料于金属圆桶内,加盖;再在木桶内放入冰及食盐的混合物,然后回转金属圆桶即可。因金属圆桶之壁与周围之冰片相接触,可渐使内容物冻结。此种桶形冻结机在市场上有售,还分为人力摇转及机力摇转两种,价格十几元至百余元。大规模制造冰淇淋的工厂,则可采用盐水冻结机(Brine freezer)或连续冻结机(Disc Continuous freezer),或槽形冻结机(Batch freezer)等。此外,尚需配有巴氏杀菌器(Pasteurizer)、碎冰机、混合机、灭菌器、洗涤机及干燥机等等。

另一方面,曾在纽约街头推售冰淇淋的马夏雷先生不断试验、不断改进，终于研制出实用性很强的冰淇淋可食用容器的生产设备。他每天很早就起来，用自制的设备生产一天所需要的冰淇淋容器。然后才推车出门。他为这种生产设备向美国专利局提出了专利申请，1903年，马夏雷先生获得了生产可食用冰淇淋容器设备的美国专利，专利号为US746971。几乎同时，英格兰人凡夫纳（Antonio Valvona）也获得了一项美国专利权，是关于生产可食用饼干杯的，专利号为US701776。比较两份专利说明书的内容和视图，我们可以发现两者都是平底和锥形侧边的“杯形”，方便盛装其他物品，而且都是可以食用的。

这些专利为蛋筒冰淇淋的规模化生产奠定了技术基础，使冰淇淋从最早的仅供贵族消暑享用的奢侈食品，发展到现在人人在四季均可品尝的日常食品。一个世纪以来，爽滑的冰淇淋和香脆的蛋筒再也没有分开，那香甜的滋味让它们成为永远的绝配。现代综合类世博会中，6个月的展期往往跨越炎热的夏季，世博园里的冰淇淋店继续演绎着冰爽香甜的故事。

四、无土栽培的奇迹——1985年筑波世博会的记忆

1985年，日本政府举办了筑波世博会，旨在让人类跨入21世纪后利用现代科技创造充满希望的将来。筑波世博会的主题是“居住与环境：人类家居科技”。

“万物土中生”，这是长久以来人类对于农作物种植所形成的观念。无土栽培并不是最新的技术，而是已经有了100多年的发展历程。世界上采用无土栽培技术的国家有100多个，无土栽培技术多达30多种。但是，筑波世博会上的无土栽培展示，却颠覆了人类这条看似真理的经验。一株神奇的番茄树，说明无土栽培可以激发植物的潜能，使之达到土壤种植所达不到的结果。

1. 日本的英雄番茄树：13 000多个果实的妈妈

在1985年日本筑波世博会上，展出了一棵长有13 000多个果实的番茄树。当时对这棵番茄树是这样介绍的：“这棵参展的番茄树，是由一颗极普通的种子发芽之后通过水耕法培养起来的。水耕法就是使幼苗脱离泥土，放在水槽里，把普通肥料以适当的浓度溶化在水里作为植物营养成分，然后进行水温和水流的管理，并充分供应氧气。在这一条件下，番茄的生长不必受土壤的限制，可以靠自己的力量自发

筑波世博会一景

生长。”

这棵无土栽培的番茄树引来无数惊叹，一是无土栽培完全颠覆了人类对传统种植的概念；二是13 000多个果实让这棵番茄树成为人类番茄栽种历史上的“英雄”。为准备1985年筑波世博会的无土栽培展，主办机构从1984年10月开始播撒了一批普通番茄种子，等这批番茄幼苗长出来以后，人们从幼苗中选出了最壮的一棵苗作为世博会展示用植株。当时人们并没有对这棵幼苗寄予厚望。到1985年1月，经过4个多月的生长后，幼苗长成了番茄树，但仍没有结出果子。经过分析，人们认为它叶子太多，光照不够，于是做了些调整。等过了夏天，番茄树开始不断结出果实。开展的那天，它的枝叶覆盖面积伸展达5平方米，闭幕那天，枝叶伸展达14平方米。到了展览会后期，番茄果实数量日渐猛增，闭幕那一天，有关机构郑重宣布：本番茄植株共结果实13 000多个。人类在土壤种植番茄的历史中，一株结果13 000多个是闻所未闻的奇迹。

在本届世博会上，还展出了无土栽培的黄瓜和甜瓜。依靠无土栽

（左）筑波世博会无土栽培黄瓜：一株结了3 000多根黄瓜
（右）筑波世博会无土栽培番茄：一株结了13 000多个番茄

培技术，一株黄瓜藤上结出了3 000多根黄瓜，一株甜瓜藤上结出了90多个果实。还展出了依托无土栽培技术诞生的绿色蔬菜工厂，实现了高密度、清洁、健康的蔬菜生产方式。

2. 欧洲人对世博会无土栽培技术的认识

番茄树成了世博会真正的明星，它体现了日本无土栽培技术的先进水平，几乎每一个前来参观世博会的人都要慕名前去番茄树展区参观一次。欧洲不同国家的参观者，对这株番茄树所代表的无土栽培技术的认识是不同的——

● "植物从水中获得所需物质，是聪明的比利时医生首先发现的。"

比利时人、医生赫尔蒙特（Jan Baptist van Helmont）在17世纪初做过一个有趣的试验。他把十分容易生根成活的一段柳树枝条种植在一个大瓦盆里。在种植之前，他称量了柳树枝条的质量（2.27公斤）和瓦盆中干燥沙土的质量（90.8公斤）。此后，只向盆中浇雨水，不再添加其他东西。5年以后，当赫尔蒙特再次进行称量时，柳树枝条已经长成重达76.86公斤的柳树，而瓦盆中干燥沙土的质量仅仅减少了1‰左右。柳树增加的质量远远大于土壤减少的质量。所以，根据这个试验，赫尔蒙特认为，使柳树生长并增加质量的物质，主要来源于雨水，而不是土壤，即植物是从水中获得生长所需物质。这个结论在今天看来虽然并不十分科学和严谨，但是在400年前对于植物养分的研究是很有意义的。

● “德国科学家发现了植物需要水中的矿物质。”

德国人认为，对无土栽培技术做出实质性贡献是在德国。1840年德国科学家李比希(J. V. Liebig)提出植物是以矿物质作为其营养的“矿质营养学说”以后，使得许多有关矿物质作为植物营养来源和作用的试验广泛地开展起来，最终被以后的科学工作者所认同和证实，同时也对李比希当时提出的“矿质营养学说”进行了补充和完善。尽管李比希本人从来就没有做过矿质盐配制的溶液（营养液）来种植植物的尝试，但他创立的“矿质营养学说”成了今后无土栽培的理论基础。1860年，德国科学家萨克斯(Julius Von Sachs)研究了利用石英沙作为固定植物的基质，然后加入营养液的试验。1865年，他与其学生诺普设计了一个水培试验，即加入他们配制的营养液来栽培植物。他们取得了成功的结果，并明确了许多关于水培过程的管理方法。后来又研制了不同的营养液配方，对多种植物进行试验，都获得了成功。因此，是德国人第一次分析出植物根系在土壤中大致吸取了哪些营养成分，并配出了植物需要的营养液体，奠定了无土栽培技术的发展基础，证实了无土栽培的可行性。

● “我们英国已经有最大的番茄工厂。”

英国人对拥有13 000多个果实的番茄树并没有太多的诧异，因为在同期的英国，用营养液栽种番茄已经不是什么新鲜事儿了。1973年，英国的库柏(Cooper)发明了营养液膜技术，随着这一技术在世界各国的推广应用，无土栽培的发展再一次出现高潮。1981年，英国温室作物研究所在小汉普敦(Little Hampton)建立了一个面积为8公顷的无土温室，专门用于番茄生产，号称世界上最大的“番茄工厂”。这些无土温室全部采用自动化设备来控制温室内的光、温度、气体、湿度等环境条件，营养液也是自动控制的，年产番茄220万公斤。

● “我们才是发展得最先进的，都是那寒冷的气候所赐。”

北欧的多数国家冬季寒冷，在露地是不可能做到周年均衡地生产作物的，因此，建设温室等保护性设施就显得很有必要了。再加上营养液膜技术和无土栽培基质在欧洲的发明和应用，使得北欧成为世界上无土栽培技术发展的几个中心之一。到1980年，荷兰的无土栽培面积已达3 000多公顷。从目前的情况来看，它是世界上无土栽培最发达的国家之一。其中,用岩棉作基质的无土栽培面积从1976年的25公顷发展到1986年的2 000公顷,占无土栽培总面积的2/3。荷兰的无土栽培作物主要是番茄、黄瓜、甜椒和花卉(主要是切花)。国际无土栽培学会(International Society of Soilless Culture,ISOSC)的总部就设在荷兰。

3. 美国人对世博会无土栽培技术的认识

美国是世界上最早进行无土栽培商业化生产应用的国家，但其无土栽培面积并不大,且多数集中在干旱、沙漠的地区,主要原因是美国国土面积辽阔、肥沃的土地较多、人口稀少的缘故。据1984年的统计资料,美国全国只有200公顷的无土栽培面积。美国无土栽培技术的研究重点是探索在太空中进行作物无土栽培的可能性。因为开发太空,也许无土栽培是进行绿色植物生产的唯一方法。

● 霍格兰和阿农的营养液

美国人知道这棵日本番茄树所用的营养液就来源于美国的水培营养液配方。确实,在无土栽培的想法被证实可行后,世界上许多国家的科学工作者对营养液的配方和植物在溶液中的生长反应方面做了许多工作。最有代表性的是美国的霍格兰(D. R. Hoagland)和阿农(D. I. Arnon),他们对营养液中营养元素的比例和浓度进行了大量的实验研究,强调了在营养液中加入微量营养元素的重要性,发表了许多标准的营养液配方,这些配方现在仍然有许多人在使用。

● 格里克的水培植物设施专利

美国人是最早将无土栽培技术应用于商业化生产的，并且为日本无土栽培业的发展打下了最早的基础。1929年,美国加州的格里克(W. F. Gerieke)用营养液培育的番茄树高达7.5米,一株收获了14.5公斤,他参照了霍格兰的营养液配方,成为第一个把实验室研究用的无土栽培技术应用于商业化生产的人。1933年他取得了一个"水培植物设施"专利,将他的设施命名为"水培法"。格里克水培的植物有萝卜、胡萝卜、土豆、甜菜、果类植物和观赏植物等。1935年,格里克指导一些生产者建立了面积达8 000平方米的无土栽培生产设施,后来泛美航空公司(PanAm Airline)在太平洋中部的威克岛上请格里克指导建立了一个蔬菜无土栽培基地，为航空公司服务人员及乘客提供新鲜蔬菜。

● 军区和战争需要无土栽培

第二次世界大战期间,美军应用水培法生产新鲜蔬菜,以供军需。美国空军在英属圭亚那的阿森松岛上建立了一个无土栽培基地。1946 年,战后的美军在日本东京的调布、滋贺县大津等地建立了大型的砾培设施以作为美军的新鲜蔬菜供应基地,其中以调布的最大,面积达 22 公顷,是当时世界上最大的无土栽培基地。这些都成为日本日后发展无土栽培的基础。

4. 日本无土栽培技术的发展

日本的无土栽培是针对土耕栽培存在的问题,即为避免土壤耕作带来的病害、劳动力不足、自然灾害的影响而发展起来的。无土栽培是工业领域的先进技术导入农业领域的一门农业高新技术,日本是世界上较早应用无土栽培技术进行蔬菜和花卉生产的国家。无土栽培具有省水、省肥、优质高产、无污染等特点,特别是对人口稠密、工业发达、国土面积较小的日本,更具现实意义。

日本无土栽培技术的发展得益于美军在"二战"期间及战后的几年建立了一些大型的无土栽培设施。例如1946年建立的22公顷砾培蔬菜生产基地,用以生产军需蔬菜,同时吸收了一些日本人参与管理。此后,日本独立开展了这方面工作,从20世纪60年代至80年代,无土栽培面积扩大至近300公顷,其中以水培和砾培为主,大约水培占总面积的2/3,水培面积逐渐扩大,并普遍用电子计算机进行管理。日本不仅在实用性的大规模无土栽培生产技术上走在世界的前列,而且开展了卓有成效的超前性研究。

总之,1985年筑波世博会上结有13 000多个果实的番茄树,是该届世博会的参观热点,更是日本先进无土栽培技术的骄傲展示。

第5章

世博会与交通科技

铛——铛——铛——，钟楼上的指针重合在12时，响起了清脆的钟声。钟声唤醒了沉浸在想象中的达·芬奇。“钟为什么能敲呢？里面有发条作动力，对，用发条可以试试自动行走的车。”达·芬奇转身坐在桌子前，把他的设想画在纸上，第一张以发条为动力的自动行驶交通工具的设计图纸在大画家手中诞生了。只是，他的理想留在了纸上……

到19世纪末，人类的交通工具有了新的突破，世博会犹如忠实的记录员，记载着人类交通发展的前进步伐——

1893年芝加哥世博会的交通馆，就非常引人瞩目。它是当时所有

1986年温哥华世博会回顾了人类的交通技术发展历程

展馆中唯一一座非全白色的建筑，可见主办者和参观者在当时都对它另眼相看。馆内陈列了人类历史上已出现的从婴儿车到火车头的所有交通工具。亮点有自行车、马车、英国战舰、火车头、轮船、印第安人的雪鞋、雪橇和中国船等。

星移斗转，到了20世纪，人类的交通技术水平已不仅仅实现了达·芬奇的理想。在1986年温哥华世博会上，交通和通信成为了世博会的主题。交通展品从回顾的角度，展出了陆上的沙漠之舟——骆驼及牛车、马车、狗拉雪橇、人力车、篷车、独轮车、脚踏车、三轮车、摩托车、汽车、火车、卡车、越野车、双层车、旅游车；水上的木筏、皮筏、独木舟、船舶、草船、篷船、单帆船、多帆船、游艇、轮船、气垫船等。

本章撷取了我们生活中最常见的自行车、汽车，追述它们与世博会一脉相承的发展轨迹，并对2005年爱知世博会上最新的磁悬浮列车和无人驾驶车技术作出解读。

一、用两轮来丈量世界——自行车的发明与世博会

马匹是最早被人类降服的动物，人一旦跨上它宽阔的脊背，就能以最省力舒适的方式走遍大地。但马又是需要相当的技巧才能被驾驭的动物之一，而人们很快发现，采用让马拉动的方式比爬到马背上去驾驭要轻松省力得多，于是，便有了轮子，而后就出现了四轮马车。四轮马车的确是个不小的发明，但人类的智慧自然远不止这些。于是，便有了人类历史上两轮自行车的诞生——

1. 两位法国人在雨天的漫步

在四轮马车遍布在欧洲大街的年代里，人与车之间的联系是“驾车”和“坐车”，没有人能想到用自己的双腿“骑车”。然而，这一切在19世纪末一条因阴雨而布满泥泞的法国大街上，似乎有了改变的迹象。

两位浪漫的法国人在街头轻步慢走，他们在雨雾弥漫中独自享受着快乐的心情。忽然，一辆四轮马车从他们身边驶过，尽管他们努力躲闪，却还是溅了一身泥水，这让他们好不恼怒，其中一位没好气地说：“这该死的四轮马车，为什么这么宽，应当把马车顺着切掉一半，让四个车轮变成前后两个车轮。”另一位怔了怔：“这也不是没可能。我说，咱们有空的时候可以试试。现在，我们还是回家换身干净的衣服吧。”

所幸的是，雨过天晴之后，改造四轮马车的想法并没有被丢在脑后——一个忙碌

的身影开始在一间不大的工场里劳作着。如果历史在这瞬间定格，那就是自行车发展历史中最早的剪影……1791年，第一架代步的“木马轮”小车诞生了。这辆小车有前后两个木质的车轮，中间连着横梁，上面安了一条板凳，像一个玩具。刚刚出现的新东西肯定不是那么完善，这辆“木马轮”既没有传动链条，又无转向装置，也没有脚蹬，骑车者的双脚要使劲儿朝后蹬地面，然后它才能向前走。但不管怎样，这“木马轮”的移动靠的是人的双脚，而不是马蹄；这“木马轮”只有两个车轮，需要人在移动中保持平衡。在诸多方面都需要改进的“木马轮”，毕竟是自行车的雏形。

2. 自行车解放了双脚与1867年巴黎世博会

最初的自行车都是借助脚与地面摩擦而前进的。1818年，一个德国看林人也制作了一辆木轮车，该木轮车的制成也是出于偶尔的一个想法。不过，他在前轮上加上了一个控制方向的车把，可以改变前进的方向。看林人称它为“易于驾驶的德莱斯尼(Draisine)”，这种自行车的速度当然也不会快，当时的记录是每小时15公里。但是骑车时依然要用两只脚蹬地，才能推动车子向前滚动。当时这名勇敢的看林人骑着

早期自行车在欧洲人生活中还是新鲜玩意儿

早期世博会展出过的自行车形式

它上路试验时，遭到不少人的嘲笑。新东西的出现总会被这样或那样的传统势力所嘲笑，但人类的发明者永远不会因这些嘲笑而停止自己的梦想和努力。

1839年，苏格兰铁匠在前人的基础上设计了另一种双轮自行车。他在后轮的车轴上装上曲柄，再用连杆把曲柄和前面的脚蹬连接起来，并且前后轮都用铁制，前轮大，后轮小。这样一来，人的双脚得以真正离开地面，由双脚的交替踩动使轮子滚动。1842年，兴奋的苏格兰铁匠骑上这种车，一天跑了20公里。沿路的人们惊奇地看到，人在驾驶这种自行车时，双脚可以轻松离开地面。据说这种自行车一诞生，就造成了极大轰动。在设计者的家乡，人们认为这是第一辆真正的自行车。1946年9月，当地曾准备举行这种自行车诞生100周年的盛大庆典。但是由于“二战”的缘故，8年以后人们才迎来了这迟到的庆典。1861年，法国的米肖父子，在两轮车的前轮上安装了能转动的脚蹬板，车子的鞍座架在前轮上面。他们第一次给这种车冠以“自行车”的雅名，并将其在1867年的巴黎世博会上展出，使参观者大开眼界。

3. 自行车的改进与欧洲的世博会

应该说，自行车的发明与改进主要由欧洲的能工巧匠完成。巧合的是，在自行车发展的时代里，世博会也在欧洲各国频频举办，例如1873年维也纳世博会、1878年巴黎世博会、1889年巴黎世博会等。自行车作为一种实用又时尚的代步工具，不断被改进，并作为世博会的展品和人们参观世博会的交通工具，得到了迅速的推广。从它的出现到19世纪末的这段时光，自行车由木质改进为金属材质，又先后出现辐条、车闸和橡胶轮胎，终于使自行车各部件结构趋于稳定和完善，这也就是今天仍保存下来的自行车的基本特征。

1869年，金属车架和辐条第一次在自行车上采用，被称为"幻影"自行车。之所以如此命名，多半是由于与以往自行车相比，速度够得上飞快。它的发明者是英国的雷诺兹。这种自行车使用了重量轻的金属车架，而且车轮首次使用了双辐条，实心的橡胶轮胎被包在了木头轮子的外面。

1870年，在英格兰的考文垂，詹姆士·司达林(James Starley)等设计出了爱尔瑞自行车，细长的带状轮圈使得它看起来更轻盈灵巧。伴随着这种轮圈的产生，张力辐条有了用武之地，并且，设计者还专门为此申请了专利。它起名的灵感来源于莎士比亚一出戏剧中一个"淘气的精灵"的角色，它来无影、去无踪，聪明伶俐爱捉弄人，名字就叫爱尔瑞。

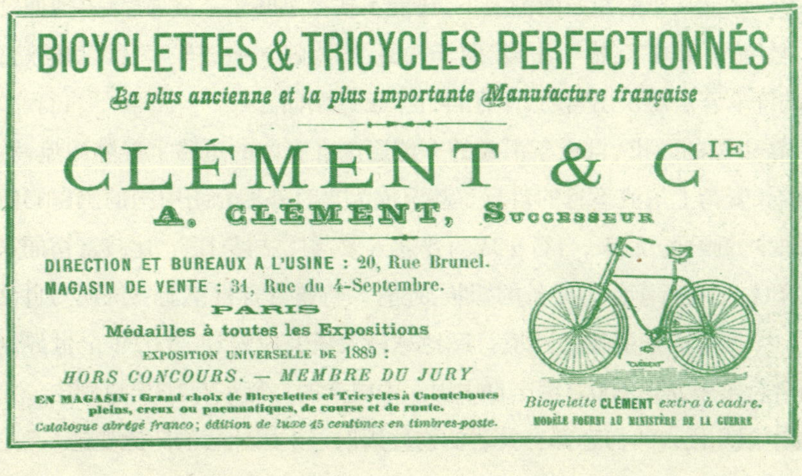

1889年巴黎世博会上的自行车广告

1886年英国的机械工程师斯塔利，从机械学、运动学的角度设计出了新的自行车样式，他在车身上装上了前叉和车闸，把前后轮改成一样大小，以保持骑车时的平衡，并用钢管制成了菱形车架，还首次使用了橡胶车轮。斯塔利不仅改进了自行车的结构，还改进了许多生产自行车部件时使用的机床，为自行车的大量生产和推广应用开辟了宽阔的道路，因此他被后人称为"自行车之父"。他所设计的自行车车型与今天的自行车样子已经基本一致了。

1888年，爱尔兰的兽医邓洛普，从医治牛胃气膨胀中得到启发，将自家花园用来浇水的橡胶管粘成圆形并打足气装在自行车上，这是充气轮胎的开端。充气轮胎是自行车发展史上一个划时代的创举，不但从根本上改变了自行车的骑行性能，而且完善了自行车的使用功能。到1889年巴黎世博会时期，自行车已经成了时尚的交通工具。

4. 中国与自行车

直到20世纪早期，自行车在中国还是一件稀罕物。当时自行车的售价极高，非普通人能够负担。1903年的《大公报》上有一则广告：天津某商行出售德国新款女式自行车，定价白银60两。按当时官价，60两白银合银元84元，按购买力折合成当今的人民币约为54 600元。1922年，末代皇帝溥仪举行婚典，他的堂哥溥佳送给他一辆自行车。看着由两个轮子载着一个人飞驰的自行车，溥仪非常喜欢，于是以每月百元的高薪聘请"飞车小李三"进宫当"自行车教习"。溥仪学车很认真，最终成为了骑自行车的高手——能从车的左右两侧上下，还能不扶把手骑车。从那以后，他四处搜罗自行车，购置了英国"三枪"、法国"狮子"、德国"蓝牌"……"车库"就设在故宫北面御花园的绛雪轩。溥仪出宫时，库存自行车已近50辆。

慢慢地，在中国的城市，自行车汇成的车流逐渐在宽阔的道路上静静地流淌。在天安门前的长安街上川流不息的自行车甚至成为当时外界介绍中国的黑白影像资料中不可缺少的画面。后来，自行车成为普通人家"财富的象征"。比较富裕的家庭在女儿出嫁时，把自行车作为必备的嫁妆，还有人将骑着自行车上下班视为自己的人生梦想……据美国华盛顿的环境智库地球政策研究所统计，2007年全世界制造的1.3亿辆自行车中，有9 000万辆产自中国。中国产的自行车有2/3出口别国。自行车，这个与中国几代人的初恋都有关联的物件折射了中国社会的广泛变迁。

自行车仍然受到2005年爱知世博会参观者的青睐

5. 自行车原始功能淡出历史舞台

如今，自行车往日的功能正在逐渐淡出历史舞台，它既不代表富有，也不代表贫困，而只是人们生活中时尚、健康、环保的符号。自行车是“玩车族”手中一种时尚的玩具。在街头巷尾，经常可以看到一些穿着时尚的“玩车族”，他们在自行车上挑战自我，寻找乐趣。一名玩车族说：“玩车就是一种享受，在腾挪闪跃的过程中，在一次次向新动作发起的挑战中，你都会产生一种既兴奋又刺激的感觉。”

对于速度的追求也许是人类的本能，但是，越来越多的人追求快，求来的却是“慢”——承载汽车的道路交通实在是太拥堵了，于是人们又转而求慢，要健康的生活，要可持续的生活，于是自行车又一次回归。今天在汽车驰满大街小巷的欧洲，人们专门修建了自行车道，以鼓励民众骑车代步。

2005年，在日本爱知世博会上，出租自行车成为主办方提供的多种交通措施之一，这深刻体现了世博会所尊崇的环保理念。2008年举办的北京奥运会，有关方面向游客提供了5万辆自行车用于出租，也同样秉承了绿色环保的理念。人们越来越清醒地认识到，自行车有利于环境，骑车是一种锻炼。自行车永远都不会过时。

二、自由移动之梦——汽车的发明与世博会

汽车的问世和推广标志着又一场革命的开始。自1860年自行车在法国研制成功后，尝试制造汽车的努力就开始了。1886年，由马车与内燃机合而为一的创举获得了成功。德国卡尔·本茨(Carl Benz)制成的三轮汽油机汽车行驶顺利，被普遍认为是世界上第一辆汽油机汽车。一个多世纪以来，汽车技术不断改进，成本不断降低，汽车成为了私人交通工具。汽车史是一部科技革命史，它的发展对所有领域都带来了意想不到的变化，赋予了人们前所未有的自由，提高了人们的生活质量，促进了社会的前进。汽车首次在1889年巴黎世博会亮相后，就成为多届世博会的亮点。每届世博会都把汽车展览作为一个重头戏。汽车载入了世博会史册，为世博会增光添彩。世博会也为汽车树立了品牌，把它推介给千百万民众，成为推进人类文明步伐的加速器。

1. 汽车的发明与1889年巴黎世博会

人类对移动速度的追求导致了汽车的发明与不断革新。而汽车的发明与发展史上的很多丰碑，都烙上了世博会的印记。1878年巴黎世博会，首次展出了一个将深刻影响未来社会人类生活的极富想象力的新产品——汽油驱动的"汽车"模型。当时，"汽车"尚未取得"出生证"。8年后，1886年1月29日，德国发明家卡尔·本茨以马车与内燃机合一的伟大创造，在德国取得"汽车专利证(No37435)"，这是国际公认的汽车诞生日。

关于本茨发明汽车，还有一段鲜为人知的故事。原来本茨发明汽车后，政府不许他试车。他们想，假如让本茨试车，成功之后，这种汽车肯定会大受人们欢迎，那就要用掉很多汽油，道路也会被车压得凹凸不平，这样，国家还要花钱修理。想来想去，便决定长期阻止本茨正式试车。本茨心里很难过，看着自己辛辛苦苦造起来的车天天呆停在那里，他饭吃不香，觉也睡不着。可是，有什么办法呢？"亲爱的，你别难过，让我来试试。"他的妻子是个非常勇敢的女性。她看见丈夫为这事苦恼至极，决定自己去闯一闯。说干就干，她决定马上行动。第二天，她抖擞精神、信心十足地走进车里，坐上驾驶座，发动起车子，"噗噗噗"一阵响，车子开出家门上了马路。马

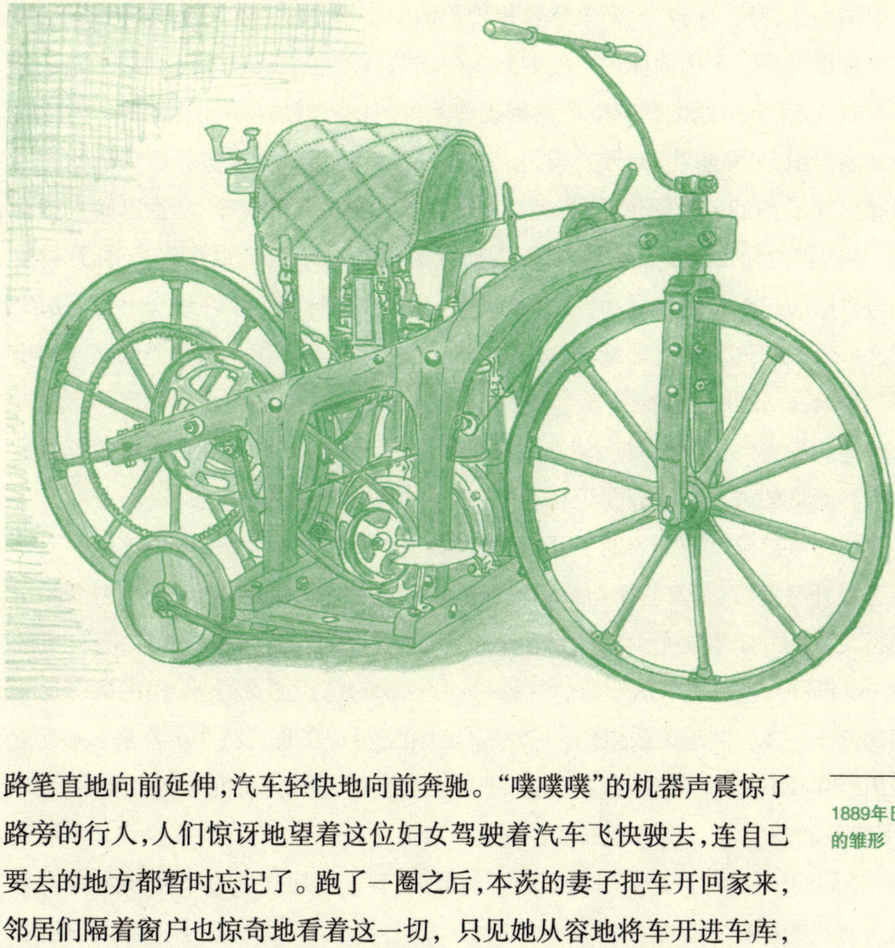

1889年巴黎世博会上标致车的雏形

路笔直地向前延伸，汽车轻快地向前奔驰。“噗噗噗”的机器声震惊了路旁的行人，人们惊讶地望着这位妇女驾驶着汽车飞快驶去，连自己要去的地方都暂时忘记了。跑了一圈之后，本茨的妻子把车开回家来，邻居们隔着窗户也惊奇地看着这一切，只见她从容地将车开进车库，“咔嚓”一声锁上了车门。此时本茨早已在家门口迎接勇敢的妻子。他们两人都很激动，妻子为他做出了贡献。本茨的汽车试车成功了！

就在3年后的1889年巴黎世博会，人们在惊叹埃菲尔铁塔雄伟的同时，对各种“不用马拉的三轮汽车”的展品表示出了极大的兴趣。发明家戈特里布·戴姆勒(Geottlieb Daimler)看到人们对“自由移动”如此热切向往，便赶在博览会闭幕前夕，送来了一个新的更大胆的创新展品——四轮汽车。这辆汽车装置的V型双缸引擎，每分钟转速达600次，能提供2匹马力。这在人类超越马力的速度追求中，是一个伟大的突破。

中国人经常用“标致”一词来形容相貌美丽的女子，碰巧的是，我们将一家法国名车也称作“标致”。法国标致车的创始人阿尔芒·标致（Armand Peugeot）早先是个自行车制造商，有时他也顺带生产锯条或剪毛机。让自己的产品能够像狮子的牙齿一样坚固耐用，是阿尔芒·标致的理想。于是标致公司后来为全世界所尊敬的狮子标识就出现了。1889年，阿尔芒·标致生产出自己的第一款蒸汽车，送往巴黎世博会展出。1889年的标致车是三轮动力车，发动机是从德国购买的，由阿尔芒·标致将发动机与自己的三轮车组装成功。更重要的是，1889年的标致先生在思想上已经决定进军这一新兴的汽车制造领域。应该说，1889年的标致车更像是一个懵懵懂懂的小姑娘。今天，标致在全球的汽车产量已经超过4 000万辆，仍然位于国际汽车行业的前沿阵地。其百年的历史积淀，使它散发出璀璨的光华。应该说，如今的标致车像是一位雍容高贵的夫人。我们要记住的是，它是从1889年一路走来的。

在1889年巴黎世博会后的十几年，法国跃上了汽车制造领头者的地位。

为提升速度，汽车发明家与技术革新能手们进行了不懈的探索，而世博会是他们进行交流的一个重要平台。就是在1889年巴黎世博会上，法国工程师雷内·庞阿德（Rene Panherd）和埃米尔·莱瓦索（Emile Lovassor）结识了戴姆勒，他们兴奋地相互切磋汽车技术。谁都无法想到，一次偶然的相遇促成了现代汽车的发展。莱瓦索后来用2年时间，对汽车进行重新设计，把装在底盘前部的发动机通过离合器、变速器，用链条驱动后轮。接着，庞阿德在驾驶室前方加装了挡风玻璃，并设计了后厢和车篷。他们的创造，使“汽车”突破“马车”的框框，有了现代汽车的外貌与速度，揭开了汽车时代的序幕。1895年，莱瓦索驾驶自己设计的汽车，以每小时24公里的速度，从巴黎开到波尔多，全程1 160公里。这对于19世纪人类借助机器而“自由移动”来说，已是了不起的速度。就在这年，法国科学院把这种乘人的车辆定名为“汽车”（Automobile），该词源自希腊文的Auto（自己）和拉丁文的mobile（运动），即自己运动的车辆。人类的“自由移动”之梦于是越做越大了，“汽车”给人类的观念与生活方式带来的变化也越来越大了。

2. 汽车的发展与20世纪的世博会

世纪之交的1900年巴黎世博会上，参观者对登台亮相的汽车赞不绝口，展期举办的第二届奥运会中，一个以“更快”为诉求的汽车速度比赛，作为重要的比赛项目，吸引了5 000多万人次的参观者。这一参观人次的纪录保持了70年，到1970年大阪世博会才被打破。

在1904年圣路易斯世博会上，运输馆是面积最大的主题展馆，占地15英亩，约有9个橄榄球场大。该展览馆的正门高达60英尺，可谓门庭显赫，似乎在堂皇地欢迎汽车世纪的到来。前后有140辆汽车自波士顿、纽约、芝加哥和费城开过来，有些汽车仍用蒸汽发动，最贵的汽车价格高达1.8万美元。在那个年头，汽车远没有当代普及。拥有汽车是时尚与身份的象征，可以说是中产阶级幻想的光荣。于是运输馆就成为人们参观梦想的地方。

1906年米兰世博会上，有一座新颖的汽车制造专馆，这是世博会历史上第一次出现的汽车馆。

1915年巴拿马世博会的运输馆内，安装了福特公司的一条汽车生产线——不是模型，而是真实的汽车生产线。除了星期天，这条生产线

1904年圣路易斯世博会的交通运输馆

(上)福特汽车流水线在1915年巴拿马世博会上展出
(中)当年下线的福特汽车至今仍光彩照人
(下)美国世博会历史上的汽车业明星——福特

每天下午生产不少于3小时，每10分钟有一辆汽车下线，也就是说，运输馆每天能开出至少18辆新汽车。整个世博会期间，这条生产线共生产了4 400辆汽车。

1933~1934年芝加哥世博会上，通用和克莱斯勒汽车公司送来了汽车展，特别是福特公司陈列了地球仪，用以展示福特的全球运作系统和67辆代表各个发展阶段的汽车以及最新的技术发明。

1939年旧金山世博会上，通用汽车展出了全透明的庞蒂亚克汽车与象征速度与“自由移动”的安全、舒适的庞蒂亚克车队。此后，世博会展出的新型汽车或概念车，速度已超过早期汽车10倍以上，而人类对“自由移动”的梦想有了更高层次的追求。

1964~1965年纽约世博会上，最受欢迎的要数通用汽车公司的展览，1/3英里长的展览展望了理想中的明日世界，这是对1939年世博会上同样的展览进行更新后再次推出的。

到了1986年温哥华世博会上，通信和交通成为本届世博会的主题。美国、日本及西欧一些汽车生产国在这里摆出了商业竞争的架势。他们用旋转平台加聚光灯的广告式布展方式，展出了不少刚刚上市或即将投放市场的各种新式汽车。这些汽车通体呈流线型，几乎去除了任何棱角；车头扁圆，呈鸭嘴形；车灯像一对可张可闭的眼睛；引擎装在尾部；整个车形前扁后拱，像一只鸭头；车门进一步放低；车座更加舒适。

3. 早年汽车在中国的故事

1901年，一位匈牙利商人从海外运来两辆汽车到上海租界区，供租界区的外国人使用，这是中国最早引进的汽车。袁世凯为讨好慈禧太后，不惜花巨资从香港购得一辆汽车作为寿礼献给慈禧,那是辆双排座三缸四马力的汽车。

慈禧初次见到汽车觉得很新鲜,喜滋滋地坐上汽车打算兜兜风。随着一声“起驾”,所有的人都忙活起来。忽然,慈禧发现自己前面居然还坐着一个人,大怒道:“这还得了,居然有人坐在我前头!”袁世凯赶忙下跪禀报:“这位是车夫,汽车必须由他来开动。”“车夫?让他到后面去。”“老佛爷,他只能在您前面驾车。”“岂有此理!这些洋玩意儿真是乱了法度,你们真是让我进退两难。既然只能在前面开车,那就给我跪下!”车夫只好跪着开车,两只手顾了油门顾不了换挡,顾了方向盘顾不了刹车,把个汽车开得忽左忽右,左摇右摆,提心吊胆。“罢了罢了,把你们这洋玩意儿收起来吧!我还是坐我的轿子好了。”

随后,这辆汽车就被打入了“冷宫”,至今还闲置在颐和园内的德和园。

4. 著名汽车品牌与世博会的世纪情缘

在第一次世界大战前的10年,英国和德国的汽车生产增长速度都超过了法国。当欧洲各国都卷入第一次世界大战的泥潭时,美国奋起直追,开创了面向大众的汽车革命的新阶段。通用汽车是美国较早参与世博会的汽车企业之一,其历史可以追溯至20世纪初期。在过去的一个世纪时间里,通用汽车一直将世博会视为展示最新研发成果以及前瞻性技术极其重要的平台。时至今日,通用汽车依然为这一段段参与世博会的辉煌历史深感自豪——

1933年,美国为庆祝芝加哥建市100周年,举办了芝加哥世博会。在这届世博会上,以通用汽车为代表的一些大公司,首次在世博园区内建立了企业馆,受到了参观者的欢迎。结合芝加哥世博会“一个世纪的进步”的主题,通用汽车在自己的展馆里充分展示了其优于全球汽车行业的引擎和汽车制造技术,成为这届世博会最大的亮点,同时,也昭示了通用汽车在美国走出1930年代经济大萧条阴影过程中的领袖企业地位。

1939年,纽约世博会上,通用汽车更是以“未来世界”作为展厅名进行展示,轰动了整个世博会,并再次成为世博会上最令人注目的参展企业。据统计,通用汽车公司的“未来世界”展厅,共吸引了2 700多万人次的参观者。“未来世界”生动展现了通用汽车对未来人类社会发展的精准前瞻,近50万间专门设计的房屋模型、超过18个种类10万棵绿树模型以及5万辆等比例缩小的汽车,组成了通用汽车独特的

1964年纽约世博会的通用汽车馆

“未来世界”展示。参观者为进入通用汽车的“未来世界”展厅，甚至要排队等候好几个小时，进入展厅后，观众坐在装有嵌入式声音系统的可移动的椅子上，能够观赏并感受30年之后美国城市的情景：畅通的7车道超级高速公路，车速可达160公里/小时。“未来世界”展厅激起了人们对高速公路的向往，并推动了美国联邦政府从1950年代起开始着手建造国家高速公路网络。

1964~1965年，纽约再次举办世博会，通用汽车在这届世博会上第二次推出了“未来世界”的主题展示，这次展示同样获得了辉煌的成就。在这届世博会期间，共有2 900万人次参观了通用汽车展馆，在刷新企业展馆参观人数纪录的同时，也超越了1939年纽约世博会上通用汽车第一次“未来世界”的展示，成功树立了企业参与世博会的新标杆。世博会主办方也深为通用汽车的成就感到振奋和自豪：“通用汽车的未来世界展示，融合了卓越的创意、前瞻和技术，为全球企业树立了一个杰出的榜样，很高兴纽约世博会拥有通用汽车这样出色的参展企业。”在这届世博会上，除了沿用1939年世博会的参展创意外，通用汽车还向公众展示了3款昭示未来汽车技术发展方向的概念车，描绘了驾驶更简便，更具驾驶乐趣的未来汽车产品蓝图，受到了参观者的热捧。

在1974年以"无污染的进步"为主题的美国斯波坎世博会上，通用汽车通过40款展品，展示了公司在控制汽车废气排放、提高燃油经济性以及清洁能源研发上的卓越努力，体现了一个优秀企业的高度责任感。在1982年美国诺克斯维尔世博会上，通用汽车继续深化了这个主题，并通过概念车"Aero X"，向公众展示了通用汽车在提升燃油经济性方面取得的巨大成就——通用汽车产品的平均燃油效率从1974年的12英里/加仑提升到了1982年的25英里/加仑。

三、极速狂飙的地上飞机——磁悬浮列车的发展与世博会

人类发展轮轨客运交通的目的，不外乎"便捷"二字。尤其一个"捷"字，更是使人绞尽脑汁。从1825年美国修建斯托克顿至达林顿间的铁路开始，180余年间，世界上的铁路越修越长，火车则先蒸汽，后内燃，再电力，越跑越快。然而，尽管人类费尽心思，传统的轮轨交通运营速度在冲到了300~350公里/小时后，似乎已走到极限。在寻求能够带来更快运营速度的新的交通方式的过程中，人们想起并将目光聚焦在磁悬浮技术的应用上。

1. 理想中的地上飞机——早期的磁悬浮研究

德国是世界上第一个研究磁悬浮技术的国家。在20世纪的前30年里，从阿尔弗雷德(Alfred Zehden)提出磁悬浮理论到赫尔曼·肯佩尔(Hermann Kemper)的磁悬浮列车构想，德国拥有了"纸上的磁悬浮列车"。

早在1902年，德国的阿尔弗雷德从理论上提出了磁悬浮列车的概念，完全靠磁力悬浮和驱动机车组，探讨了磁悬浮替代轮轨交通的可能性。阿尔弗雷德取得这个领域的第一份专利，他分别于1902年6月21日获得美国专利US 782312、1907年8月21日获得美国专利US.RE12700。德国工程师赫尔曼·肯佩尔在1922年提出磁悬浮列车的构想，并在1934年获得有关磁悬浮技术的专利。赫尔曼·肯佩尔的"纸上的磁悬浮列车"与传统轮轨列车不同，它用电磁吸力或电动斥力来克服车辆重力和过弯道时产生的导向力，以电磁力将列车浮起，采用长定子同步直流电机将电供至地面线圈，驱动列车高速行驶。理论上说，磁悬浮列车有可能达到甚至超过喷气式飞机的速度(900 km/h)。这理想中的磁悬浮列车取消了轮轨，实现了不触地、不带燃料

的地面“飞行”，成为人类理想中的“地上飞机”。

然而，战争的爆发使磁悬浮技术的发展趋于停滞，代表人类理想的“地上飞机”只是作为一纸文件尘封在专利局的铁柜里。尽管当时有些科学家仍没有停止对磁悬浮技术的探索，但代表国家意志的政府却没有更多的精力去支持他们。所以限于当时的技术水平和政治经济情况，直到“二战”后，有关磁悬浮的研究才真正兴起。

2. 起飞中的地上飞机——从试制到1979年汉堡磁悬浮技术博览会

战争结束后世界回归平静，人类对磁悬浮的热情如长期蛰伏的暗流猛地喷涌出来，许多国家都不同程度地介入了这一领域的研究。

英国伦敦帝国理工学院(Imperial College)的埃里克·莱斯维特(Eric Laithwaite)教授，在1960年代研制出磁悬浮列车，重约1吨，可承载4名旅客，在一条1.6公里的实验轨道上研究。到了1973年，由于经费不足，他的研究停止了。之后，英国铁路公司(British Rail)在德比(Derby)建立了自己的铁路技术中心(Railway Technical Centre)。

1961年开始，美国的詹姆士·鲍威尔(James Powell)在Brookhaven 国家实验室，与同事戈登·邓比(Gordon Danby)一起研究静磁场驱动和悬浮技术，并在1966年提出了使用超导体(在特定情况下电阻率接近于0的导体，它可以通导很大的电流而没有热能损耗，同时也产生很强的磁场)的磁悬浮系统，他们于1969年获得两项专利。

1969年，联邦德国交通部正式提出了“大通过能力高速铁路的研究”发展计划。值得一提的是，在联邦政府的资助下，踊跃加盟这一计划的均为联邦德国一流的大企业——MBB、克劳斯-马菲、蒂森·亨舍尔……在科学家们的努力下，以生产“豹Ⅱ”坦克而闻名的克劳斯-马菲公司于1969年设计出第一台带短定子线性传动装置的电磁悬浮实验室模型。两年后，MBB公司造出了第一台原理车辆，并在700米长的轨道上跑出了100公里/小时的速度。

1979年在汉堡举办的第一届国际磁悬浮技术博览会，令许多德国人为之骄傲并终身难忘。德国科学家们用18个月造出了第一辆长27米，带70个座位的两节磁悬浮示范车“TR05”，在长900米、架高4.7米的钢轨上，进行了为期三周的正点持续运行，车速达到了100公里/小时。许多曾对磁悬浮列车抱怀疑态度的德国人，在“奇迹”面前收回了他们的不满。这在当时的确引起轰动，以至于博览会推迟了3个月才结束，有超过5万人乘坐了该车。与此同时，在联邦德国研究技术部的敦促下，克劳斯-

马菲、MBB、西门子和蒂森·亨舍尔等企业组建了磁悬浮铁路联合体，并着手在埃姆斯兰建造大型试验设施。

3. 加速的地上飞机——日本磁悬浮列车的起步与20世纪80年代世博会

日本从1970年代开始，独立开发了两套磁悬浮系统，一是HSST，由JAL (日航公司) 开发；另一个是JR-Maglev，由日本铁路集团(Japan Railways Group)开发。到1979年，在宫崎的实验线上，列车经常达到517公里的时速。不幸的是一场事故毁坏了这条实验线。1997年，在Yamanashi建造了一条20公里长的实验线。

从1985年筑波世博会开始，日本的磁悬浮列车多次在国内外举办的世博会上亮相。日本筑波世博会上，刚问世不久的HSST-03磁悬浮列车参展，兴致勃勃前来体验的参观者达61万人次。在1986年温哥华举行的世博会上，HSST-03再次展出并运行，展会期间共载客47万人次。1989年横滨世博会上，展出了日本HSST-05 (2辆编组) 磁悬浮列车。HSST-05由日本交通省于1988年4月30日批准定期运行。

日本出展1986年温哥华世博会的磁悬浮列车

日本磁悬浮技术在世博会上的频频露面,加上日本参展方面的精心安排,使磁悬浮列车引起了一次又一次的轰动。例如,在1986年温哥华世博会上,日本馆门口设置了磁悬浮车站,展出了HSST-03磁悬浮列车。这种新型磁悬浮列车对北美观众自然是很有吸引力的;让人同样难忘的是日本设计师对于整个列车站一整套推介表演程序的设计。虽然表演时一次只能乘坐40人,但乘客并不因为等候而感到寂寞。列车员会递给乘客一份有关磁悬浮列车的说明,并热情解答乘客提出的问题。进入车站后,列车员会把一张印制精美的乘车卡交给乘客,乘客可以通过录像了解磁悬浮列车的性能。检票后进入月台,乘客可以通过车内的座位分布图找到自己的座位。进入车厢,面带微笑的乘务小姐会给乘客引座并热情介绍本次列车的去向。这一切都进行得那么有条不紊和自然,使乘客感到赏心悦目。整个车站不过100平方米,列车运行距离只有500米左右。但整个过程强化体验性,突出推介性,使得日本磁悬浮技术给参观者留下了深刻的印象。

自1970年代起,日本磁悬浮技术的发展进程如下:

时间	研究开发与技术评价
1972年	日本航空公司开始研究开发
1975年	完成HSST-01(定员2 人)样车,磁悬浮试验成功(彬田)
1978年	完成HSST-02(定员8 人)样车,运行试验
1985年	HSST-03(定员50人)样车在筑波科学万国博览会展示运行
1985年	成立HSST 股份公司,继承日本航空公司的技术
1986年	HSST-03 样车在温哥华交通博览会展示运行
1987年	HSST-03 样车在冈崎博览会展示运行 旭川市委托设立技术调查委员会
1988年	HSST-04(定员70人)样车在琦玉博览会展示运行 此后,采用车上装载逆变器的车上控制方式 交通安全环境研究所对参加横滨博览会的HSST 进行安全性评价试验 交通省发给铁道事业经营许可证
1989年	HSST-05(2 辆车定员150 人)样车在横滨博览会上投入运营 名古屋铁路集团、爱知县和HSST公司共同发起成立“中部HSST公司” 爱知县发起成立“城市市内交通——磁悬浮式直线电动机车辆实用化研究委员会”

（左）行进中的爱知世博会磁悬浮列车
（右）爱知世博会上的JR东海磁浮列车馆

4. 狂飙的地上飞机——日本磁悬浮技术与2005年爱知世博会

在2005年爱知世博会上，参观者可以参观JR东海磁浮列车馆，了解磁悬浮技术的历史和发展。还可以乘坐从藤丘驶往世博园区的磁悬浮专线列车，亲身体验日本先进的磁悬浮技术。

JR东海磁浮列车馆，是展示日本磁悬浮列车技术的专门展馆，体现了日本在磁悬浮列车速度上的最新成果。该馆的主题是“前进！超导磁悬浮——超越陆上交通系统的界限！”参观者首先进入的是馆内的超导磁悬浮3D剧场，通过150英寸银幕观看大约7分钟的片子，内容是科学家利用超导磁悬浮建造铁路的历史、技术革新、社会背景等；再通过800英寸银幕观看约12分钟的超导磁悬浮纪实录像，超导磁悬浮列车在眼前浮起并以500公里的时速掠过头顶，让观众体会超导磁悬浮列车风驰电掣、扣人心弦的飞行场面。JR东海磁浮列车馆还展出了著名的磁悬浮列车“MLX01-1”实物，MLX01-1列车运行在日本山梨高速电车试验线上，2003年创下了每小时581公里的世界最高载人行驶速度，被载入吉尼斯世界纪录。JR东海磁浮列车馆还设置了一个超导试验区，在这里，参观者通过观看世界最高功能的高温超导电磁发射宇宙船模型的模拟表演和利用超导现象悬浮的现场表演等，可以愉快地感受超导现象的能力和神奇之趣。

每天早上，在磁悬浮的起点站藤丘就开始排起了长队，要坐上磁悬浮列车一般得排上半个小时。这就是从2005年世博会开始正式运营的磁悬浮列车——LINIMO，它不仅是日本国内首条正式投入商业运营的磁悬浮列车线路，也是世界上常温超导磁悬浮高速列车实用化的第一例。LINIMO列车的运营机构——爱知高速交通株式会社介绍说："坐在车内，就有好像是在溜冰场上被人拉着走的感觉。"LINIMO列车的行驶噪声很小，只有电力变换装置发出的轻微声响。爱知世博会期间，LINIMO是连接名古屋市地铁终点站——藤丘车站与世博会场北门车站之间大约9公里路程的主要交通工具。LINIMO虽然车辆造价偏高，但因其是无人驾驶，同时车辆与轨道不相接触，所以几乎无需维修和保养，它的运行成本可以控制在较低的水平上。LINIMO有可能成为取代铁道列车的未来长途交通运输工具的最有力的候选者。

LINIMO车辆的技术参数如下：

车辆类型	HSST-100 磁悬浮系统
列车长度	43.3米
车体长度	14.0米(边) 13.5米(中) 14.0米(边)
宽度	2.6米
高度(距轨面)	3.45米
最小运行曲线半径	75米(横向)，1500米(垂向)
各辆车重量	17.3吨
列车定员	80(边)+ 84(中)+ 80(边)
座席定员	34(边)+32(中)+32(边)
最高速度	100公里/小时
最大加速度	1.1米/秒^2
最大减速度	1.1米/秒^2 (运行时)，1.2米/秒^2 (紧急时)
车体构造	铝合金焊接结构
车体悬挂	模块式柔性转向架，空气弹簧悬挂
悬浮和导向	常导磁悬浮和导向组合

推进系统	单侧LIM(每车10 套)和VVVF(每车1 套)
制动装置	常用制动:电动液压协调制动机(带荷载补偿控制) 紧急制动:卡规式液压制动机(每车6 台)
供电设备	高频DC-DC 变流器(输出 DC 275 V, DC 100 V, AC 100 V)
信号装置	列车自动保护系统(ATP),列车自动操作系统(ATO)
车辆控制	车辆控制系统主要由列车信息管理系统(TIMS)组成

四、未来的交通景象——从爱知世博会看交通发展趋势

未来的交通是什么样的？参观日本爱知世博会后，人们会有一定程度的体验，在体验之后不免会有一番遐想。尽管我们已有心理准备，在爱知世博会上，许多闻所未闻的新型交通工具还是让我们大开眼界，带给我们阵阵惊喜。

从利用最尖端IT技术制造而成，通过电子操纵、在无人驾驶状态

爱知世博会一景

下可自动编队行驶的大型低公害公共汽车"IMTS"开始，到利用电池提供电力驱动、可以达到减轻环境负担目的、极具表演性的新型移动交通工具全球客车，到以世博会吉祥物命名的可以从空中鸟瞰世博会会场的眺望型移动工具——森林爷爷和森林小子高空缆车，到在会场内运送参观者的对环境无污染、乘坐舒适的"燃料电池组合电路巴士"，一直到集尖端高新科技于一身、外形酷似"袋鼠"、人与车完全融合的个性化未来交通工具……这么多先进交通工具在世博会场内穿梭而行，其本身就是一场盛大的、永不落幕的精彩演出，给世界各国参观者留下了深刻的印象和无尽的回味。

爱知世博会让参观者通过人、机器人和交通工具的联欢感受未来交通。在世博会上日本的每个展馆都别出心裁，它们并不是直接向参观者展示各种各样的产品和技术，而是将先进的技术制成节目，让人们在欣赏节目的同时感受先进技术，丰田馆在这方面可以说是匠心独

丰田的新概念车I–Unit

运。丰田公司是世界第二大汽车公司，公司的经营理念之一就是在交通工具方面引导时代潮流，因此，人们参观丰田馆的最大收获就是对未来交通的感悟。

1. 移动即自由，移动即生命

丰田馆展出的主题是“移动即自由，移动即生命”。给人印象最深的是单人乘坐概念车“I-Unit”，看上去它只有一张椅子大小，人坐上去，像坐在座椅上，低速时可直立行驶，实现载人移动的最小尺寸，快速时可改变行走模式，降低重心，保持操作的稳定性。I-Unit充分展示出移动自由的特长，由于占空间小，不仅可缓解道路拥挤的现状，而且可以灵活地移动，狭窄的道路也能通行，并且可以在人群中行走；I-Unit还可以实现在车流中无缝行走，车上的感知装置，可让前车和后车相互交流，像空中飞行的鸟群一样，再怎么拥挤也不会撞成一团；而且，由于I-Unit体积小，重量轻，节约材料和能源，是一种新型的环保车，体现了人与自然的高度和谐。

在展示未来交通工具时，丰田公司新开发的机器人“I-Foot”登台亮相。“I-Foot”身高236厘米，重200公斤，看上去是一具庞然大物，可载重60公斤，行走速度每小时1.35公里，腿部为鸟足类型，上身像一个贝壳，人乘坐时，“I-Foot”腿部向后弯曲蹲下，人坐上以后，“I-Foot”站起来，驮着人到处行走。乘坐者感觉好像坐在贝壳里，十分安全可靠。在表演中，“I-Foot”步伐稳健，转换方向自如，前进和后退动作连贯。为了实现与以往移动交通工具不同的操作乐趣，乘坐者可通过座舱的操作杆控制行进方向和速度。

速度如此之慢，算什么未来的交通工具呢？其实不然，“I-Foot”有汽车所不能代替的长处，这就是它是三维交通工具，可以上下楼梯，能驮人在人群中自由行走，在没有路的地方可踩出一条路来。这是一种真正的代步工具，不仅适合正常人，对残疾人也大有帮助。只要“I-Foot”今后更加小型化，灵巧轻便，提高行走速度，就能满足人们的需要，一步一个脚印，一步步走向远方。

2. 可以有司机，也可以没有司机

若干年前，世界智能交通系统会议在名古屋召开。主办方向观众播放了一部名为“未来的交通”的短片，主人公是一位公司职员，和女儿一起开车到一个饭店为妻子庆祝生日，因说话走神儿，眼看要和前车撞上。这时汽车自动刹车，避免了车毁人亡的惨剧。一场虚惊之后，父女俩接受了教训，干脆把车并入自动行驶线，无需操

（左）爱知世博会丰田馆
（右）无人驾驶可自动编队行驶的公共汽车IMTS

作，汽车自动行走。当时人们都以为，这是未来交通的畅想曲，虽然真实可信，但不知何时能够实现。体验世博会的智能多模式交通系统（IMTS）之后，人们发现这一天并不遥远，短片中描绘的蓝图很快会变成现实。

在爱知世博会的会场内，设置了约1.6公里的专用车道，3辆载有参观者的特殊车辆列队行驶。类似大型巴士的车辆以20米左右的间隔行驶在敷设有引导磁性标记的专用道路上，而且，这些车辆均为无人驾驶。当来到岔口路上，列队中的一些车辆便分道而行，并最后由人在普通道路上驾驶。这就是智能多模式系统。智能多模式系统是依托最尖端的IT技术、使用压缩天然气为燃料的新一代大型低公害交通系统，在电子系统控制下3辆巴士可自动排成一列行驶。此外，像普通巴士一样，驾驶员还可以坐上其中一辆的驾驶席，驾车单独行走。3辆巴士列队自动行驶，是一种道路自动行驶模式，未来的道路，将会有一条电子系统控制的自动行驶的线路，人们感到疲劳的时候，或担心聊天走神的时候，把车并入电子系统控制的自动行驶路线，在电子系统的控制下，无需驾驶汽车就可以在保持与前车的距离情况下自动行走，司机安然入睡也不会出现交通事故。将来，在不方便铺设地铁的小城市里，IMTS有望成为中距离大量运输的交通工具。

丰田的机器人乐队是本届世博会上最吸引人的部分。人们在欣赏演出时，对吹小号、打架子鼓的机器人在未来的交通中扮演的角色也不能小觑，因为丰田公司开发机器人的最终目的，并不仅仅是为了让它们表演。随着机器人智能化程度越来越高，这些机器人在不远的将来有可能扮演司机的角色，机器人开车不会出现失误，不知疲倦，行车更加安全。丰田公司开发的机器人名为“伙伴机器人”，意思是人类的好帮手，将来开车机器人会成为司机的好帮手。丰田公司的专家解释说，经常开车送货、以开车为生的人，有时不觉得开车有什么乐趣，可用机器人替代，想体验驾车乐趣的人，开累了，也可让机器人替换一会儿。由此看来，将来的机器人确实是人类顺从的伙伴。

3. 汽车尾气只是水蒸气，甚至可以用于美容

爱知世博会有两个会场，一个是长久手会场，一个是濑户会场，连接两个会场的交通工具，除了森林爷爷和森林小子缆车之外，还有燃料电池混合动力巴士，用高压氢气为燃料的燃料电池为动力，驱动马达行驶。这种公共汽车与汽油车和柴油车不同，不排放二氧化碳和氮氧化合物等有害物质，排出的仅仅是水，它不仅环保，而且能源利用率高，被认为是21世纪的理想交通工具。难怪有人说：如果汽车尾气只是水蒸气，不正好可以用于美容吗？

日本的燃料电池车2002年12月正式上路，丰田和本田公司共向政府部门交付了5部燃料电池车。到目前为止，这两家公司已经出厂28辆燃料电池车。凡体验过燃料电池车的人都会对燃料电池车的性能交口称赞。由于只用马达驱动，噪音很小，汽车到人跟前才能听见声音，燃料电池车最高时速可达145公里，高速公路限速每小时100公里，一般

爱知世博会上的各种交通设施

道路每小时限速60公里，燃料电池车速度不成问题；一次充氢可行走350公里，和一般汽车一次加油行走距离差不多。更重要的是，燃料电池车以氢作为能源，在减少污染的同时，还可以大大降低人类对石油资源的依赖。无论从哪个角度来看，燃料电池车都代表着未来汽车发展的方向。有关专家预计，到2020年，日本的燃料电池车可达500万辆。

燃料电池车目前无法普及的原因：一是车价太贵，随着批量生产，这一问题将会逐步得到解决；另一个原因是加氢站太少，现在在日本首都圈内只有10个加氢站，虽然加一次氢可行走350公里，但由于加氢站太少，氢还剩2/3的时候，就得考虑下次加氢的地方。加氢站比加油站相对复杂，除了充氢设备以外，还要有制造和压缩氢的设备，加氢站成本较高。另外，根据消防法，加油站和加氢站不能放在一起，建设加氢站地点也存在问题。现在，一些公司正在开发移动加氢站，放宽有关规定也在讨论之中。加氢站问题一旦解决，日本燃料电池车将很快进入普及阶段。

近100年间，地球持续变暖，因为人类温室气体排放量太多。汽车在所有二氧化碳排放量中占重要比重，在经过尾气处理的情况下，日本汽车二氧化碳排放量占日本排放总量的21%，如果燃料电池今后全部取代以汽油和柴油作为汽车主要动力的话，二氧化碳气体排放量将会大大减少。另外，现在空气污染对人类的健康造成严重危害，致使癌症和呼吸道疾病大量增加。世界卫生组织的一项调查结果表明，全世界死于呼吸系统疾病的儿童多于其他任何一种疾病。之所以形成空气污染，排放二氧化碳和其他有害气体、以汽油和柴油为燃料的汽车是主要的元凶之一。燃料电池车可以改变这一现状。由此看来，燃料电池车开启了一个新时代，在人类未来的交通史上有着重要的意义。

第6章

世博会与航空航天

当人们回望与审视百年航空航天发展历史的时候，不禁会想到这样一首诗：“成功的花，人们只羡慕她现时的明艳，然而当初她的芽儿，浸透了奋斗的泪泉，洒遍了牺牲的血雨。”1915年巴拿马太平洋世博会设立了宇宙宫，标志着航空航天技术从此成为世博会精彩的展出内容。世博会，曾展出了航空航天领域属于它的时代的最尖端的技术，留给我们的思考绝不仅仅是技术本身，更有紧跟时代、沟通交流、最终走向协作的历史潮流。

今天的中国，也迈出了走向太空的步伐，稳健并且坚定。谨以本章献给为人类空间探索奉献智慧与生命的人们。

一、从升天到飞天的轨迹——飞机的发明与世博会

远航和冒险，是人类精神追求的一部分；像鸟儿一样自由地在天空中翱翔，是人类自古以来的梦想；像云一样随风飘荡，无忧无虑地漂浮在蓝天绿野间，是人类千百年来的夙愿。人类通过制作热气球到发明飞机，对上天之路有了新的认识。世博会的天空里，有人类翅膀划过的痕迹，记载着人类飞向蓝天的志气和力量，记录着人类在浩瀚无垠的天空中感受俯视大地、翱翔天际的豪情和心灵震撼。

1. 刚出生的婴儿有什么用处

无论是在早期世博会还是在当代世博会上，热气球经常会出现在世博会展区的上空。随着巨大的、色泽艳丽的热气球缓缓升起，在气球下面悬挂的吊篮内的人，一边向地面的人群挥手致意，一边向空中抛洒五颜六色的花瓣纸……似乎只有这

(上)1915年巴拿马太平洋世博会设立的宇宙宫
(下)1985年筑波世博会上"法国日"庆典热气球

样,才能尽情、酣畅地抒发参加世博会庆典的欢愉,人类的骄傲与自豪就这样随着热气球一起升腾。

几乎所有的空中运动均起源于法国,热气球的发明也不例外。法国的天空气流稳定,适宜飞行,恰到好处的微风为人类的飞天尝试提供了理想条件。最早的热气球是由法国的蒙特戈菲尔(Montgolfier)兄弟创造的,他们受到碎纸屑在火炉中燃烧以后不断升起的现象的启发,进行了一系列更大规模的热气球试验并取得成功。在进行载人飞行之前,兄弟俩曾在热气球上载了1只公鸡、1只鸭子和1只绵羊进行试飞。热气球经过一片美丽的湖面,动物们看见自己神气活现的倒影……8分钟之后,3只动物安全着陆在3公里外的农田里。

1783年9月19日,勇敢的彼拉特尔德·罗其埃(Pilatre de Rozier)乘坐蒙特戈菲尔兄弟俩制作的热气球在巴黎凡尔赛宫上空成功飘行了25分钟,首次实现了人类升上蓝天的梦想。法国国王、王后、宫廷大臣及13万巴黎市民在现场观看了这一具有历史意义的壮观场面。当时的观看者中曾有人质问:"热气球有什么用呢?"美国科学家、政治家本杰明·富兰克林(Benjamin Franklin)当时正好在巴黎,作为现场观看者之一,他以一句名言反问道:"请问,刚出生的婴儿有什么用处?"

热气球发明后,先后被应用于军事领域的通信联络和侦察、大型庆典活动、交通运输、空中体育项目载体。这其中就包含着我们为何一直有机会在世博会的上空看到热气球的身影的缘由。据说在1870年的普法战争中巴黎被围,法国人曾用气球将人和信件送出包围圈。脱胎于热气球的飞艇在18、19世纪之交曾一度成为重要的空中交通工具。如今,为了纪念热气球的发明,全世界所有的热

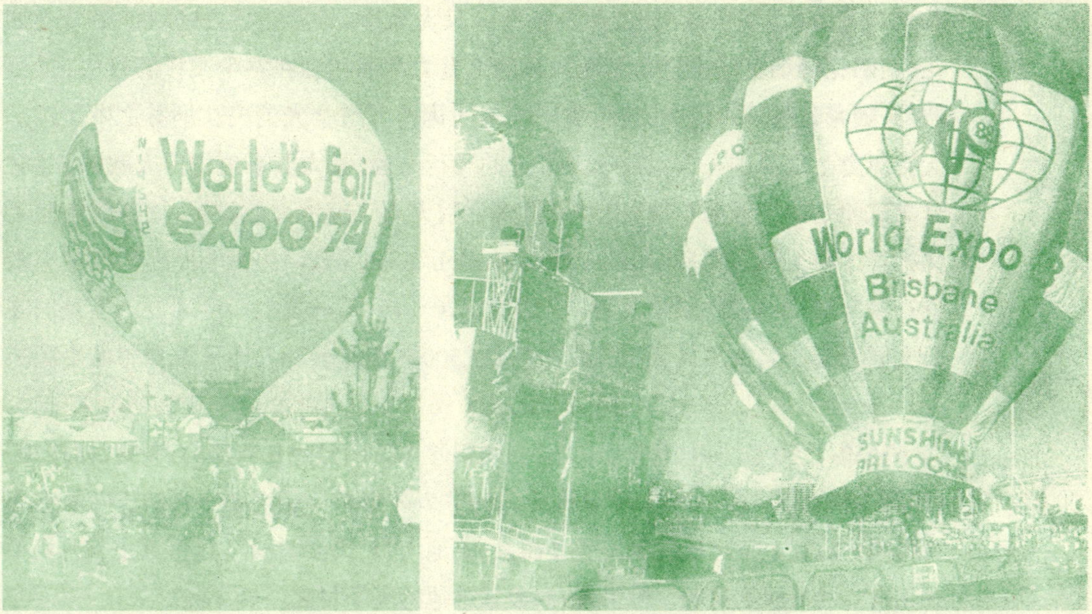

（左）1974年斯波坎世博会上的热气球
（右）1988年布里斯班世博会上的热气球

气球爱好者每两年在洛林（Lorraine）地区（位于梅兹Metz附近的尚贝莱Chambley机场）聚会一次，举办名为“世界空中气球”的大型国际集会活动。

2. 中国的万户飞天梦

在华盛顿举办的美国航空航天博物馆，有一个飞行器陈列馆，里面赫然陈列着中国风筝，并向参观者说明：中国风筝是人类最早的飞行器。中国早在五代时期就曾用竹篾扎成方架，糊上纸做成灯笼，点燃下面托盘上的松脂，夜晚升空作为军事信号。这种信号灯被称作“孔明灯”，比西方热气球的出现早得多。

著名的万户飞天事件，是指中国明代有人试图凭借火药的推进和风筝的浮力来实现飞天。美国火箭专家赫伯特·S.基姆（Herbert.S. Zim）在1945年出版的《火箭和喷气发动机》（*Rockets and Jets*）一书中对此有明确记载。公元1500年前后，中国有一个叫万户的锦衣卫都指挥使做了一个冒险试验。他在木椅后面装上47支当时可能买到的最大烟花，自己坐在椅子上，两手各持一只大风筝，然后让仆人同时点燃47支烟花，企图凭借烟花的推进力量和风筝的上升力量而达到在空中飞行的目的。遗憾的是，随着轰然一声巨响，这位勇士顷刻间化作万道金光消失在烟雾之中。这是人类历史上最早的一次借助火力推进的飞行试验，其人其事值得后人敬佩。尽管这次试验是以失败而告终，但万户尝试利用火力飞行的大胆设想，比现代宇航之父齐奥尔科夫斯基（Konstantin Eduardovitch Tsiolkovsky）1903年提出的利用火箭进行星际航行的设想要早几百年。20世纪70年代，月球上的一座环形山体被国际天文联合会命名为“万户”，以纪念这位500多年前献身人类飞天梦想的中国勇士。

1650~1700年，即中国清朝初年，苏州工匠徐正明经过10年努力，制成“栲栳椅”（即圈手椅）式样的“飞车”，下设机关，其中“齿牙交错”（相当于今日的齿轮），在用两脚踏板后，“上下之机转风旋疾驶而去，离地尺余，飞渡港汊”。这可算是直升机型式飞行器的最原始试验。可惜，他的成果被他的妻子付之一炬。

3. 鹦鹉会说话却永远飞不高

一项重大的发明，要经过许多代发明家的努力才能实现。飞机的发明和其他重大发明一样，不可能由少数人完成。早期世博会所展示的重要工业成果——铝材和汽油发动机，是飞机得以发明的基础。

在1855年5月1日，巴黎世界工农业和艺术博览会开幕。在本届世博会工业宫内，展出了一小块铝，标签上写着“来自黏土的白银”字样，它被放在最珍贵的珠宝旁边。1854年，法国化学家德维尔（Claire Deville）把铝矾土、木炭、食盐混合，通入氯气后加热，得到NaCl、$AlCl_3$复盐，再将此复盐与过量的钠熔融，得到了金属铝，这是最早的工业炼铝法。轻而结实的铝合金是制造飞机机体的理想材料，但当时的德维尔并没有意识到，这种人类刚结识的金属将为日后飞机的问世打下基础。在那时，铝制品一直被视为珍品。据说在法国拿破仑三世举行的一次宫廷宴会上，宾客们都使用高贵的金银餐具，唯独拿破仑三世本人使用当时罕见的铝制餐具，令周围的宾客羡慕不已。1885年安特卫普世博会的奖章一改往日铜制的惯例，用了时尚的铝材。伦敦化学会也把铝和金制的花瓶和杯子作为贵重的礼物赠送给俄国化学家门捷列夫。1886年，后来成为美国铝业大王的查尔斯·马丁·霍尔（Charles Martin Hall）

和法国的海朗特，分别独立地电解熔融的铝矾土和冰晶石的混合物，制得了金属铝，奠定了今天大规模生产铝的基础。到此时，飞机机身的理想材质——铝，真正可以为工业所用。

航空实践证明：以笨重的蒸汽机为动力装置的飞机，是不可能持续飞行的。轻型的大功率汽油发动机是飞机实现飞行的心脏。1854年，美国化学家首先从石油中提炼出煤油。1861年，德国工程师奥托(Nikolaus August Otto)利用液体燃料制造出了第一台煤气发动机，并于1864年和德国实业家兰根(Eugen Langen)合作创办了一家公司，后更名为道依茨AG公司，一直运营至今。一个偶然的机会，奥托突然领悟到燃烧前压缩燃料空气混合物的作用。于是，他萌发了四冲程活塞循环的想法——又称“奥托循环”。在随后的5年中，奥托全力投入研发设计工作。他的“大气汽油发动机”最终在1867年的巴黎世博会上荣获金奖。1877年，奥托和兰根为他们的发动机申请专利时，就标榜它是“寂静发动机”。至此，飞机的发明具备了坚实的技术基础。

在现代工业成果的基础上，美国莱特兄弟进行了不懈的飞机实验。为了筛选出最佳的机翼形状，他们建造了一个风洞，这是世界上最早的风洞。他们前后选用了200多种不同的翼型模型，进行了数千次风洞试验。他们俩又在自己的自行车作坊里制造出一台4缸水冷汽油发动机，功率8.8千瓦，重量却只有81公斤，这是第一台航空发动机。终于，在1903年12月17日，莱特兄弟驾驶动力飞机成功地遨游蓝天。这一天，他们共飞了4次。第一次由弟弟奥维尔·莱特(Orville Wright)驾驶，以12秒的时间，飞行距离36.6米；最后一次由哥哥维尔波·莱特(Wrlbur Wright)驾驶，以59秒的时间，飞行距离260米。人们为此举行盛大酒会，主持人要莱特兄弟发表演说，兄弟俩再三推辞，主持人执意邀请，哥哥便发表了言短意深的一句演说辞：“据我所知，鸟中最会说话的是鹦鹉，而鹦鹉是永远飞不高的。”2003年，人们在全世界范围内隆重开展了纪念飞机发明100周年的活动，莱特兄弟的功绩受到了全世界的尊重。

在1904年美国圣路易斯世博会上，展出了莱特兄弟发明的飞机。在1937年法国巴黎世博会上，专门设立了航空馆，里面展示了一些飞机。这个时期的飞机已经发展到相当进步的地步，在社会生活和军事中发挥了重要作用。在1964~1965年的纽

(上左)"企业号" 航天飞机在1984年新奥尔良世博会上展出
(上右)"企业号" 航天飞机运抵1984年新奥尔良世博会世博园
(中)美国宇航局在1988年布里斯班世博会上的展览
(下)莱特兄弟设计的飞机复制件

约世博会上，美国开出了航空史上里程碑式的人物——林白回顾展，他是第一个独自飞越大西洋的人，1927年，他驾驶一架单引擎飞机——圣路易斯精神号（The Spirit of St. Louis），从纽约飞到巴黎，数千公里，用了33小时。后来，飞机成为人们参观世博会的重要交通工具。

1984年，在美国新奥尔良世博会上，美国宇航局(NASA)的"企业号"航天飞机在世博会上展出了6个月，受到参观者的热烈追捧。1988年，在澳大利亚布里斯班世博会上，美国宇航局向参观者近距离展示了人类的太空生活。

1993年，在韩国大田世博会上，展示了探索宇宙奥秘的工具，其中有美国的航天飞机、俄罗斯的宇宙空间站模型和中国的运载火箭、卫星模型及三级运载火箭发射动态演示模型。

到了2005年，在日本爱知世博会上，美国馆展出了莱特兄弟飞机的复制品。爱知世博会结束后，美国馆将这件莱特兄弟飞机复制件赠送给了日本中部国际机场，作为永久的纪念。

二、今夜星光灿烂——人类首颗卫星升空与1958年布鲁塞尔世博会

关于战争，人类有着漫长而惨痛的回忆。自有文明史以来，发生过大大小小的战争约计1.5万多场，约40多亿人因此而丧生。战争打破了生活的宁静，但没有哪一场战争像第二次世界大战那样对人类产生了根本性的影响。这场人类历史上规模最大的战争，在给人类带来空前灾难的同时，又以一种不可想象的方式塑造了“二战”后的人类世界。

世博会，作为展示人类文明成果的舞台，在硝烟弥漫的年代，自然无法延续。第二次世界大战的爆发，让世博会中断了20年。到了20世纪50年代中期，经过战后几年的建设，欧洲国家重新振兴了被战争摧毁了的经济，举办新一届世博会的想法开始重新成为人们的话题。在希望和平进步的氛围中，比利时以恢复举办世博会率先打破了世界的沉寂和凝重，为世界带来了生机。

1958年布鲁塞尔世博会标志——原子塔

(上)布鲁塞尔世博会一瞥
(下)布鲁塞尔世博会会场

1958年,在比利时布鲁塞尔举办的世博会是“二战”结束后的第一次世博会,在战争的废墟上,人类不但要重建家园,而且要重建自己对进步的信仰。本届世博会上,各国展馆和企业馆缤纷多彩,耀人眼目。它们以各具特色的建筑、展品和展示,诠释着“科学、文明和人性”的世博会主题。

布鲁塞尔世博会的苏联馆和美国馆相互毗邻,两馆规模相当,是布鲁塞尔世博会上面积最大的两个展馆,也是世博园区内最受关注的展馆,它们用各自的方式展示着人类的科技成果和理想、信仰,直至今日,当年的参观者回忆起当时的场景依然感慨万千。苏联馆展出的第一颗人造地球卫星模型是本届世博会上最吸引人的展品,太空技术在世博会上的展示由此拉开序幕。

1. 冷战:不可回避的一段历史

“二战”结束后,英国前首相丘吉尔(Winston Churchill)在1946年访美期间发表了著名的铁幕演说:“从波罗的海边的什切青到亚得里亚海边的的里雅斯特,一幅横贯欧洲大陆的铁幕已经拉下。”丘吉尔清楚地看到第二次世界大战的乌云刚刚散去,冷战的大幕又从砖瓦废墟上缓缓拉开。美国和苏联——这一对超级大国,从共同对抗纳粹的威胁中解脱出来后,双方便展开全方位的竞赛,试图用它们的影响力控制整个世界。20世纪50年代初,美、苏在政治上、军事上全面对抗,两国频繁举行军事演习,双方军用飞机互相入侵领空的现象如家常便饭。当时的苏联领导人赫鲁晓夫(Nikita Sergeyevich Khrushchov)多次指出:“我们认识到,如果要制止敌人对我们发动战争,我们需要拥有比轰炸机更可靠的、能把炸弹投到敌人目标上的手段。简单地说,我们需要发展远程战略导弹。”苏联的导弹研发领域在短期内就取得了巨大成就,以至于赫鲁晓夫用

(左)布鲁塞尔世博会苏联馆
(右)布鲁塞尔世博会美国馆

特有的夸张语言声明说:“我们造导弹就像造香肠一样。”

研发能够携带核弹头的远程洲际导弹的任务落到了著名科学家谢尔盖·科罗廖夫(Sergei Pavlovich Korolev)的肩上。科罗廖夫是苏联最杰出的航天设计师，可以称得上是整个苏联航天事业的奠基人。1954年5月27日,科罗廖夫首次上书苏联国防部,提出利用强大动力的火箭发射人造地球卫星的构想。当时的苏联国防部长乌斯金诺夫(Ustinov Dmitry Fedorovich)对这一提议给予了重视,虽然大多数军方将领认为科罗廖夫的想法不够严肃。他们坚持认为,苏联的当务之急是发展能够具有远程打击能力的洲际导弹,而不是人造卫星。1955年,苏联部长会议下属的军事工业委员会对发射人造卫星的构想进行了集中讨论。1956年1月30日,苏联政府正式批准,1957年至1958年间,第一颗人造地球卫星要发射升空，卫星重量应该是1 000~1 400公斤,卫星携带的科学仪器重量为200~300公斤。在科罗廖夫的坚持下,苏联的人造卫星在洲际导弹之前诞生了。

2. 苏联:第一个发射卫星的国家

1957年1月,科罗廖夫召集了航天设计局的专家们,提出根据现有的导弹技术,减轻发射重量,争取在1957年内将卫星发射上天。科罗廖夫认为，为了确保这一目标，卫星重量要从原计划的1吨减少到100公

布鲁塞尔世博会苏联馆一景，正中间为列宁像

斤。与会的大多数专家对此深表怀疑，因为党和政府的决定不是可以轻易改变的。但出乎大多数人的意料，苏联政府和军方很快就同意了科罗廖夫的意见。这样，下面的工作，包括卫星的电路设计、无线电通讯系统设计可以说是轻车熟路，很快，第一颗人造地球卫星就组装成功了。

1957年9月17日，科罗廖夫在苏联航天设计局纪念齐奥尔科夫斯基诞辰100周年的仪式上宣布，出于科研目的，苏联在近期将发射人造地球卫星。科罗廖夫的这一声明没能在大洋彼岸引起足够重视，在美国的很多政客甚至不知道发射人造地球卫星的重大意义。但是在美国工作的德裔火箭专家冯·布朗(Von Braun)清楚地明白科罗廖夫声明的含义，这表明苏联已经有了发射人造卫星的充分把握，苏联将成为第一个发射卫星的国家。他清楚地意识到苏联将要在航天方面迈出重要的一步。

1957年10月4日，莫斯科时间晚上22点28分，在苏联的拜科努尔基地，运载火箭将重达83公斤的人造地球卫星Sputnik Ⅰ送入太空。这颗卫星为球型，直径58厘米，铝合金外壳，外置天线长度分别为2.4米和2.9米，重量83.6公斤。当日午夜，莫斯科电台向全世界公布了苏联首颗人造地球卫星已成功发射进入轨道的消息。塔斯社和《真理报》宣称人造地球卫星开辟了星际航行的道路。不久，世界各地都能通过无线电接受到这颗卫星从天空发射出来的“的……的”声响。

苏联发射第一颗人造地球卫星之后，全世界的主要报刊连续数日对这一事件作了大幅报道，全世界为苏联所取得的成就感到震惊。无论在政治、军事意义上，还是在科学、文化意义上，对这第一颗人造卫星升空作怎样高的评价都不为过，它是人类征服自然的一项伟大成就。虽然这颗小小的卫星只飞行了92天，绕地球运行1 400圈，但它带来的影响却是伟大和深远的。

3. 苏联：第二颗卫星和小狗莱卡

在1955年哥本哈根宇航大会上，一个美国代表曾询问苏联科学院行星际研究委员会主席列·谢多夫（Leonid Sedov）："您认为第一个进入太空的人是美国人还是苏联人？"列·谢多夫微笑着回答道："两者皆不是，第一个宇航员将会是一条狗，当然是苏联的狗！"1957年11月3日，

布鲁塞尔世博会苏联馆引起参观者众多兴趣

苏联发射了第二颗人造地球卫星Sputnik Ⅱ,卫星上搭乘了一位特殊客人——小狗莱卡, 塔斯社正式宣告"搭载地球物理学实验仪器和实验动物的人造卫星发射升空"。第二天狗宇航员"莱卡"的名字被公布,大小报纸上到处都是它的照片。

莱卡原本是条流浪狗,却被命运之神无意中选中成为升入太空的地球生物。莱卡当时5岁,体重2公斤。科学家说莱卡很安静,很有吸引力。莱卡被科学家带回家和孩子们一起玩。有人说:"我想为它多做些好事,它活不了多久了。"莱卡搭乘的卫星不会返回,它注定将在宇宙中孤独地死去,这是一张单程票。卫星上有一周的食物和氧气和用于安乐死的食物。莱卡被牢牢地固定在卫星中,身边是一些检测设备。火箭发射时的数据表明它很害怕, 太空舱内疯狂的震荡让莱卡吓坏了, 它直撞机舱,死命地想逃出去,但是很快又平静下来。卫星进入大气层后,温度急剧升高,从18℃升至41℃,几小时后莱卡因热衰竭死亡。而苏联的媒体报道说,莱卡完成了长达一周的飞行任务,到达离地球1 600公里的高处;按照计划,它在吃了最后一顿安乐晚餐后安静地死去。莱卡因而成了最著名的太空犬,美国报纸还因此把这颗卫星称为"莱卡的卫星"。

苏联在1957年当年就为莱卡发行了纪念性邮票, 莱卡后来成为了苏联一种香烟的商标,并上了莫斯科一座纪念碑。1997年,莱卡太空飞行40年后,俄罗斯人在莫斯科郊外的航天和太空医学研究所为莱卡建立了一个纪念馆。当年,它和另外9条狗就是在这里接受训练的,而最后它被选中踏上孤独的太空之旅。如今,全世界至少有6首歌为它而谱写,描述它这次孤独的单程太空之旅。人们怀念莱卡,不仅是对这个消失在太空的小生命的怜惜,更是对探索生命首次进入太空的纪念。

4. 美国:急于发射第三颗卫星

就在苏联人庆贺胜利的时候,美国总统艾森豪威尔(Dwight D. Eisenhower)受到来自民主党的激烈批评。1957年10月9日,艾森豪威尔总统在电视讲话中首先向苏联取得的伟大成就表示祝贺。接着他通报了美国的"先锋"卫星计划(Vanguard Project)的进展情况,指出美国的卫星计划正在顺利进行。但他强调美国的"先锋"卫星计划已经并且继续与用于军事的导弹计划分开。他说, 之所以将卫星同导弹分开,是保证卫星计划不带任何军事色彩,卫星获得的资料也向全世界公开。艾森豪威尔总统的言外之意在于影射苏联在卫星发射上的军事意图。

当然，政治家的申明意图充满了政治上的考虑。其实，当苏联发射成功第一颗卫星的时候，美国卫星计划中用于运载卫星的“先锋”号火箭还未进行过试验。为了摆脱困境，尽快发射第一颗美国卫星，只好决定在首次进行完整的“先锋”火箭试验时，同时发射卫星。1957年11月末，美国政府宣布将于12月6日发射先驱者卫星，并邀请媒体现场参观发射，希望有助于恢复美国公众的信心，但未料到发射结果使人大跌眼镜。“先锋”号火箭点火后，刚刚离地只上升了2米高，就一头栽下来，焚毁在烈焰中。两个月之后的第二次试验再次失败，“先锋”号火箭到达4英里高度后爆炸，负责发射的哈根(John P. Hagen)从此退出了航天界。

与此同时，由美国陆军弹道导弹局和海军研究实验室的“轨道器”卫星计划(Orbiter Project)发展而来的“探索者”卫星计划（Explorer Project）被政府批准。“轨道器”卫星计划曾经由于其军事基础而被“先锋”卫星计划代替，原因就是艾森豪威尔总统所谓的卫星的纯科学用途。现在，这个计划重新被提上日程。

终于，1958年1月31日美国东部时间晚上10点55分，“探索者1号”卫星顺利升空，美国终于成功发射了人类的第三颗卫星。

两个多月后的1958年4月17日，比利时布鲁塞尔世博会正式开幕。苏联的卫星模型赫然出现在苏联馆内，而美国馆并没有展出相应的卫星技术，似乎对近几个月来两国倾注举国之力在太空领域的攀争讳莫如深。人造地球卫星的话题，成为布鲁塞尔世博会参观者最为关注的焦点。那一刻，无论在莫斯科还是在华盛顿，探索太空制衡地球的国家战略正在紧锣密鼓地推进。

是夜，星光灿烂。战争已经开始，虽然看不见硝烟……

光阴似箭，一晃50年过去了。2007年10月3日，美国和俄罗斯联合举行仪式，庆祝人类第一颗人造卫星发射50周年。两国在庆祝仪式上还签署了一项合作协议，决定联手寻找月球和火星上的水资源。从此，人类在探索太空的过程中，有竞争的步伐，也有合作的胸怀。

三、第一次看到蓝色的地球——载人航天科技与世博会

在20世纪60年代，美国于1962年、1964~1965年两度举办世博会，而且两届世博

会主题非常相似，那就是对太空的向往。两届世博会都精心设计、建造了著名的标志，并且都融入了太空元素。显然，那个时期的美国和世界，对太空的向往成为国家科技和未来战略的主旋律。由于种种原因，苏联缺席了这两届世博会，但苏联领先美国在太空留下的身影对世博会主办方和参观者产生了深刻的影响，客观上推动了美国在载人航天领域的追逐和发展，为世博会增色不少。

在这一时期，苏联和美国先后实现了载人航天：载人飞行器突破大气层进入太空，成功实现绕地球轨道飞行。人类第一次直接用自己的眼睛看到了完整的地球轮廓，他们说："地球很美，是蓝色的。"

1. 1962年西雅图的太空针塔

1962年的美国西雅图世博会，定名为21世纪世博会，主题是"太空时代的人类"。美国，在20世纪中叶对21世纪的展望就是人类在太空的搏进。同年，美国国家航空航天局(NASA)建成了位于得克萨斯州休斯敦的载人航天器中心 (1973年改名为约翰逊航天中心)，用于设计阿波罗飞船、训练航天员和控制载人飞行。1962年西雅图世博会的标志性建筑——太空针塔充分而直接地表达了人们的太空理想。太空针塔是Western国际饭店总裁卡森(Edward E. Carson)为当年博览会所设计的重点建筑，其奇特的造型就像是一个飞碟立在细细长长的金属上面，整体设计非常前卫，这正符合当时博览会迎向未来太空的主题。正是因为其顶端是以UFO为蓝本设计而成的，所以当地居民中流传着一段十分幽默的话：当地球发生大劫难时，那是美国总统逃往宇宙的专用飞船。

1962年西雅图世博会标志——太空针塔

西雅图世博会建造了可容纳750人的"太空舱"，参观者可以"乘坐太空舱绕地球飞行，漫游太空，与月亮、太阳

1964年纽约世博会标志——宇宙仪(Unisphere)

和星星做伴"。参观者在10分钟内就完成了往返9万兆公里的太空之游，而实际中，这要花费20光年才能完成，因而这完全是一次虚拟的体验之旅。此外，西雅图世博会还畅想了人类在未来太空技术高度发展时代的生活。例如，将来的职员可乘私人旋翼机去上班；来参观1962年西雅图世博会的人，都可能登上月球；将来的飞行器，使人类可以实现在几分钟内环绕地球等……

2. 1964年纽约的宇宙仪

1964~1965年纽约世博会，是为了纪念纽约脱离殖民统治300周年，主题是"从理解到和平"。尽管本届世博会没有得到国际展览局(BIE)的批准，但这却是一届令人难忘的世博会，实际参观人次达5 100多万。世博会展示了人类迅速跨入原子时代、太空时代和自动化时代的科学技术的变化史，通过照片、电影和实物模型，向参观者介绍了宇宙飞船进入地球轨道的过程和其他各种尝试，展出了银河系、双子座、太空站、宇宙飞船及其助推火箭等照片与实物。

宇宙仪(Unisphere)是本届世博会的标志。宇宙仪相对地球来说是渺小的,却是地球上最大的"地球"。宇宙仪有两层涵义:一是象征太空时代的开始,用一个浓缩的地球表现人类在宇宙太空取得的成果;二是寓意地球人类的相互依赖,与"从理解到和平"的主题相呼应。沿着宇宙仪的球面有三环轨道,人们是这样理解的:一是加加林(Yuri Gagarin)的轨迹,代表人类历史上第一位太空人的足迹;二是约翰·格伦(John Glenn)的轨迹,格伦是美国第一位绕地球轨道飞行的宇航员;三是代表通讯卫星的轨迹。宇宙仪是美国钢铁公司(United States Steel Corporation)捐赠给世博会的礼物,设计者为戴维·克拉克(Gilmore David Clarke),由钢铁公司下属的美国桥梁部(American Bridge Division)制作。宇宙仪直径36.57米,加上底座,重约100吨,材质是304L不锈钢。宇宙仪周围配上了喷泉,目的是掩盖三角底座,使宇宙仪在视觉上给人一种漂浮在空中的效果。

3. 苏联:缺席的世博会主角

尽管苏联没有参加美国在1960年代的两届世博会,但苏联在航天领域取得的杰出成就却实实在在地印刻在美国民众的脑海中。有人这样评价苏联的航天技术对美国这两届世博会的影响:"苏联人缺席了美国的太空世博会,但却仍然是世博会真正的主角,比如,那些可爱又可怜的太空小狗和那个纯俄罗斯血统的小伙子——尤里·加加林。"

实际上,从1960年5 月至1961年3月,在不到一年的时间里,苏联连续发射了7艘试验飞船,苏联明显加快了载人航天的步伐。1960年5月15日,第1艘试验飞船发射。回收时, 返回舱失控,不仅未返回,反而被抛上更高的轨道,还好飞船中只乘坐了假人;1960年7月23日,发射第2艘飞船,因火箭发生故障,28.5 秒后爆炸,里面的航天小狗巴斯(黑豹)和里斯施卡(小狐狸)命归黄泉;1960年8月19日,第3艘飞船载着名叫别尔卡(松鼠)和斯特里尔卡(小箭)的两只狗和50只老鼠、数十只果蝇进入太空轨道,这艘被人们戏称为"动物园"的飞船共飞行了25个小时,小狗别尔卡和斯特里尔卡非常幸运,在绕地球18圈之后,它们安全返回了地球;1960年12 月1 日,第4 艘飞船又载小狗姆什卡(小蜂)和皮契卡(小蝇)进入轨道,而返回时,两只小狗连同返回舱一起被烧成灰烬;1960年12月22日, 第5艘飞船因火箭故障而未能进入轨道,幸运的是,地面迅速启动了应急救生系统,2只小狗戴姆卡(小女士)和克拉萨夫卡(美人)饱受惊吓,失魂落魄地随返回舱着陆;1961年3月9日和21日,在小狗切尔诺斯卡(小黑)和兹维多契卡(小星)分别成功返回后,飞船总设计师科罗廖夫才正式做出了首次载人飞行的决定。

1961年3月的一天，一个年轻的苏联航天飞行员吃完晚饭后不经意地告诉母亲,自己最近要出差,是去很远很远、谁也没有去过的地方。这就是拥有迷人微笑的加加林在人类第一次航天飞行前和母亲的告别。1961年4月12日清晨,加加林在梦中被医生叫醒,他迅速吃了一顿特别的早餐,便穿上航天服前往发射台。载着加加林的汽车一出现,顿时给发射场带来了生气。汽车一直开到矗立着的火箭脚下,身穿橙黄色艳丽而臃肿的航天服、头戴乳白色头盔的加加林,从前门走下汽车,后面跟着航天服的设计师和一位医生,当地面指令长卡尔波夫发现加加林的头盔上没有任何标志时，便诙谐地说:“亲爱的加加林同志,我们差点犯了一个低级错误,因为头盔上没有任何标志的话,我们的老百姓一定会把你当成美国间谍抓起来。”说完,他命令工作人员在加加林的头盔上写了CCCP(苏联)4个俄文缩写字母。随后,加加林走

1967年蒙特利尔世博会参观者心目中的英雄——加加林

向现场领导小组，举手敬礼并报告："国家委员会主席同志，飞行员加加林准备乘世界上第一艘载人飞船飞行。"接着，他们热情拥抱。然后加加林向报界和电台发表了简短的历史性讲话，向为他送行的人们挥手致意，登上发射塔平台……

加加林乘坐东方1号飞船驶向茫茫宇宙。这艘飞船的原型就是第3艘试验飞船小狗别尔卡和斯特里尔卡坐过的密封舱。在试验飞船飞到第4圈时，一只狗呕吐得十分严重，很显然，它患了太空"运动病"。这导致苏联当局决定，为稳妥起见，加加林首飞只在轨道上飞行一圈，历时108分钟。短短的108分钟，创造了人类航天的新纪元，也创造了人类飞行速度、高度和距离的新纪录。塔斯社的新闻大声地发布着："1961年4月12日，苏维埃社会主义联盟共和国把世界上第一艘宇宙飞船东方号发射到地球轨道上，东方号上的航天员是苏联公民、飞行员尤里·阿里克谢耶维奇·加加林少校……"加加林的母亲激动得老泪纵横，她把收音机的声音开到了最大音量，双手捂着脸："天哪，这就是他说的出差呀……"

一直到1967年蒙特利尔世博会，苏联正式参展。苏联馆将加加林以及他乘坐的航天飞行器正式展出给西方民众，加加林成为蒙特利尔世博会上最引人注目的英雄人物。遗憾的是，一年后的1968年，加加林牺牲在了天空。

4. 美国：略晚一步的太空之旅

美国宇航局最重要的工作就是将一名美国人送上太空，并保证他安全地返回地球。"墨丘利计划"就是美国首次载人航天计划，该计划从几种可靠的军用火箭中挑选了一种来发射一艘小型单人飞船。飞船可以返回地球，并在海上着陆。宇航员将从优秀的军机试飞员中挑选，并且宇航员还得受过理工科教育。这个想法很简单，但做起来很难，需要数以千计的科学家和工程技术人员，还有数十亿美元的经费。

美国国会批准了这笔经费，美国宇航局组织了计划，麦克旦尼尔航空公司打造了飞船，陆军和空军研制了飞船推进火箭。1959年4月9日，美国宇航局宣布选中了7名宇航员，并将马上进行培训。没时间耽搁了，首次无人试飞就定在1959年下半年，只有证明飞船是安全的，人才可以坐上去。最后一次试飞是在1961年1月底，墨丘利飞船带上黑猩猩Ham飞越大西洋700公里。飞行中出了点小问题，但黑猩猩Ham还是死里逃生，并在海上着陆了。三个月后，美国宇航局的一名宇航员试飞成功，他就是海军飞行员艾伦·谢泼德(Alan Bartlett Shepard)。

1961年5月5日清晨,谢泼德钻进了小小的墨丘利飞船。飞船里几乎没有活动的空间,有报道说谢泼德像是穿着两件笨重的雨衣坐在小车的驾驶座上。谢泼德在飞船里等了4个小时,天气是延误发射的部分原因。云层会阻碍拍摄发射的场面,检查无线电系统又耽误了几分钟。谢泼德等累了,他叫地勤人员赶快解决这点小问题,尽快发射……地勤人员终于点燃了火箭,火箭咆哮着从发射塔上徐徐升空,加速很快,一会儿就消失在人们的视野外。谢泼德才飞了15分钟零几秒,飞行高度有187公里,从发射塔算起有480公里远。他减速重返了大气层,且按计划在海面上软着陆。谢泼德报告说:"一切顺利。"几分钟后,一架直升机将谢泼德从飞船里救了出来,并将他送到一艘待命的船上。谢泼德首次进入了太空却没有实现绕地球轨道飞行。

就在1962年西雅图世博会开幕前夕,美国真正实现了载人航天绕地球轨道飞行。据有关资料,美国先后发射了21次无人飞船后,1962年2月,由"宇宙神"洲际导弹改装的运载火箭把"水星"飞船送入太空,美国航天员约翰·格伦(John Herschel Glenn)是美国第一位成功绕地球轨道飞行的航天员。

应该说,美国的航天飞行略晚于苏联。但1962年2月格伦的载人航天成功,为美国举办1962年西雅图世博会增添了非常关键的信心和荣誉感。美国的"水星计划"从1958年10月开始至1963年5月结束,历时4年8个月。据统计,"水星号"飞船从1961年4月至1963年6月,共进行了6次载人飞行,历时54小时25分钟。"水星号"飞船的多次成功载人飞行,也为1964~1965年的纽约世博会增色不少。

四、敢上九天揽明月——登月壮举与世博会

在1967年加拿大蒙特利尔世博会上,苏联馆骄傲地展出了加加林乘坐的航天器实物。美国馆以"创造性的美国"为主题,布置了一个大型的太空展览,参观者通过悬挂在展馆上空的银河、双子座和一度非常神秘的"阿波罗"飞船模型可以近距离地感受人类的航天科技。展览会上,还有供人类作太空旅游的太空舱游弋在月光下。这是全球公众第一次体验美国阿波罗飞船的存在,它是彰显国家实力的战略载体,更寄托着人类踏上月球的理想。1970年大阪世博会上,美国馆的月亮石是最受

观众欢迎的展品，美国馆中宇航展厅内陈列着阿波罗系列飞船，阿姆斯特朗踏在月亮上的脚印巨幅图片与小小的月亮石激动着每位观众，它们叙述着人类历史最伟大的时刻。

1. 寂静的月球，竞争的舞台

寂静的月球，曾经是苏联与美国竞争的主要目标，两个超级大国的太空竞赛也进入了新的阶段。美国在月球竞赛中首先踏上征程，1958年8月17日，美国发射了首颗月球探测器，但不幸失败了。同年9月23日，苏联发射的月球探测器与美国具有相同命运。

1959年，苏联的“月球3号”探测器向地球传回了人类历史上第一批有关月球远侧的照片，拉开了人类探索月球的序幕。通过这些照片，人们得以见到月球那奇特的多山地形的庐山真面目。苏联在探月领域暂时领先，赫鲁晓夫在1959年对美国进行了具有历史意义的访问，有人提议他造访游客火热的迪斯尼乐园，他微笑着拒绝：“我为什么要去迪斯尼乐园呢？那里有你们美国火箭向月球方向的发射架吗？”

1961年5月25日，美国肯尼迪总统在给国会的咨文中明确提出：“美国将在10年之内致力于将美国宇航员送上月球，并将其安全送返地球。”这对于当时的美国和世界来说可谓是惊人的创想。其实在1959年底，美国国家航空航天局(NASA)就提出了在1970年底之前以260亿到380亿美元的费用进行载人环月飞行的计划，这个计划被当时的艾森豪威尔总统否决了。艾森豪威尔的接班人约翰·肯尼迪总统则不同，他对载人环月飞行计划有很大热情。他向苏联建议，双方在这个项目上进行合作，但是苏联对他的提议充耳不闻。于是，肯尼迪下定决心说服了国会启动了著名的阿波罗登月计划。

阿波罗是古代希腊神话中掌管诗歌和音乐的太阳神，为替母亲复仇，他用百发百中的神箭射死了给人类带来灾难的巨蟒。美国政府选用这位带有浪漫主义色彩的、能给人类带来光明和力量的、又能成功复仇的太阳神来命名登月计划，其用意极其深刻。在人类对宇宙太空不懈探索的航天史上，美国的阿波罗登月计划无疑是其中壮丽的一页。从1961年5月25日美国总统肯尼迪正式宣布实施开始，一直持续到1972年12月底阿波罗计划结束，历时11年，总投资250亿美元，先后有120所高校、2万多家工厂、400多万人参与了这个项目。可以说这是整个航天史上历时最长、规模最大、投资最多，也是最富有传奇性的一次太空探险活动。

2. 人类的一大步

1969年7月16日早晨9点32分，阿波罗11号飞船升空。三位宇航员分别是阿姆斯特朗（Neil Armstrong）、柯林斯(Michael Collins)和奥尔德林(Edwin E Aldrin)。按照计划，在接近月球时，柯林斯驾驶指挥舱绕月飞行，阿姆斯特朗和奥尔德林驾驶登月舱登陆月球。经过100多个小时的飞行，月球表面距离他们越来越近，月球表面的尘埃也被卷了起来。由于对着陆点的选择延长了飞船的飞行距离，当最后一个指令完毕，阿波罗11号成功着陆月球，所剩的燃料只够再支撑15秒。终于，登月舱于1969年7月20日下午4点17分稳降在月球大地。地面控制中心里，很多人的脸色发青："我们又能呼吸了，谢谢，谢谢你们。"尽管险象环生，但月球亘古以来的宁静终被人类的使者打破。

"你好，尼尔。我们现在正看见你走下舷梯。"肯尼迪航天指挥中心说道。

阿姆斯特朗小心翼翼、一级一级地走下舷梯，他并非是在故弄玄虚，而是在适应那身臃肿的太空制服以及月球的引力，因为月球的引力只是地球引力的1/6。"我现已踩在舷梯脚下，"阿姆斯特朗报告道，"登月舱着陆架垫脚只陷入地表层2.5～5.1厘米深，尽管月球表层呈现出非常小的颗粒状，可是仔细一看，却几乎像粉末状。"

航天指挥中心控制室鸦雀无声，阿姆斯特朗描述其周围月景中的每句话都深深地吸引着每一个人。他们明白，他们是这伟大事件的见证人。

"我现在准备离开登月舱。"阿姆斯特朗迈开左脚离开登月舱着陆架支撑脚，一脚踏上月球的土地——迈开人类踏上外星球的第一步。整个世界都在等着他的第一句话。人们曾给他各种建议，有莎士比亚名著的摘选、圣经中的引语，以及大段的诗句等。最终，他说的是："这是我个人的一小步，却是人类的一大步。"

与此同时，在地球上，数以亿计的观众在屏息静气地看着电视。登月舱底座旁边安放的一架摄影机开始对观众现场直播阿姆斯特朗在走下舷梯时的生动画面。全世界都为之震惊，这两位美国宇航员居然登上了月球！而且大多数观众都能看到电视实况直播。全世界都在注意月球。从澳大利亚到挪威，从堪萨斯到华沙，人们将耳朵贴近收音机，或双眼紧盯着电视屏幕。据估计，当时电视观众约有6亿人，占地球上人口总数的1/5。即使在与美国不友好的国家里，这一登月任务的新闻也由媒体以赞赏的态度或者至少是以公正的态度进行报道。地球上的亿万观众都是这个历史时刻的见证人。这是一个特殊的时刻，这让人既感到敬畏又感到十分自豪——人类已经完成如此伟大的功绩。它让很多人目瞪口呆，以至于美国哥伦比亚广播公司著名的主播沃尔特·克朗凯特（Walter Cronkite）此时也目瞪口呆地说不出话来。

毋庸置疑，阿波罗载人登月工程是20世纪最宏伟的航天工程，它使人类终于走出了赖以生存、繁衍生息的地球，踏上了世世代代翘首仰望的月球，开辟了人类向宇宙进军的新阶段，它也将人类不断超越自我，勇于冒险和挑战的精神表现得淋漓尽致。阿波罗登月带动了美国科学技术，特别是推进了制导、结构材料、电子学和管理科学的发展，是航天探索道路上一座具有划时代意义的里程碑。

3. 总统的长途电话

阿姆斯特朗在着陆区域行走。因月球引力的作用，他一步一步跳着前进，看起来似乎像弹跳。他拿出一把长柄铲勺开始收集第一份月球土样，再把土样和石样放入布袋并一起塞入其左裤腿膝盖部位的口袋里，然后抬头观望月球上的景色。“这里固有一种旷野的美丽，”他形容道，“既独特又壮丽。”几分钟后，奥尔德林也下到月球地面和阿姆斯特朗一起行走。“景色美极了！”奥尔德林边说边从舷梯走下。“真的不错吧?！”阿姆斯特朗问道，“这里风景美不胜收。”“美不胜收的独特风光。”奥尔德林补充道。他们用各种方式在月球引力的作用下行走，并将各自的感受向航天指挥中心报告。奥尔德林以后回忆着：“我的脚踩在大约1英寸厚的月球尘埃上，感觉非常松软，感觉难以言表，真是太美妙了。月球表面非常平整，做各种动作都很容易，我们可以看到月平线。因为没有空气和雾霭的阻碍，人在月球上的视野非常清楚。”

就在这时，突然接到了一个历史上距离最长的长途电话，那是美国总统尼克松从白宫打来的。

“你们好，尼尔和巴斯。我是从白宫的总统办公室给你们打电话。”

“请讲，总统阁下。”

“在人类整个历史进程中，终于迎来了这珍贵的一刻，”尼克松说道，“地球上所有的人们真心实意在一起，一起为你们的成功而骄傲，一起为你们一路平安返回地球而祈祷。"

这是一个最有历史意义的电话。可以理解，政治家总要利用每个可以利用的机会来实现政治目的。这是最值得所有美国人骄傲的一天，尼克松迅速从全世界的人们对登月计划的热情中感受到了美国在太空探索方面影响力的提升。事实上，尼克松总统对宇航员可能被困月球的情况也有所准备，他的副手甚至已经拟好了一份准备向全球广播的纪念性讲话，这份机密文件在政府档案中保存了30多年后解密："命运注定这些和平探索月球的人，永远安息在月球上。我们的两位勇士尼尔·阿姆斯特朗和巴斯·奥尔德林知道，他们已经没有生还的希望，不过他们……"

宇航员完成了2个多小时的月球行走后，准备回程。就在月球的一处尘埃里，他们发现了一件完全不应该出现在那儿的东西——一个断裂的电路开关头。由于登月舱环境拥挤，臃肿的宇航服刮断了启动引擎的一个关键电路开关。如果要让引擎启动，他们必须要把已断裂的开关推进去。奥尔德林回忆道："这个时候，我们觉得很孤独。没有谁比我们吸引了更多人的关注，也没有谁比我们离地球更远。"只有宇航员自己使用手边仅有的工具来想办法解决。奥尔德林以后一直珍藏着挽救了他们生命的那件日常用品："我用了我们带上登月舱的一支笔。那支笔头没有金属，我们用它把开关合上了。"奥尔德林的笔接好了电路，阿姆斯特朗启动登月舱，阿波罗11号启动了。奥尔德林的应变让他们避免了永远留在月球上的命运。

4. 这是来自月球的岩土

在1970年日本大阪世博会上，人们用最朴素的方式展示了一件令世人瞩目的展品——月亮石。大阪世博会开幕之初，月亮石在美国馆展出。两个月后的1970年5月17日，月亮石被移至日本馆展出。设计者将月亮石放置在高耸的台基上，以满足众多参观者在同一时间观赏的需要。"这不是一块普通的岩石，这是来自月球的岩土！"当解说者充满激情地介绍这一举世瞩目的展品时，参观的人群沸腾了。展厅里还回响着当年登月机组成员的声音：

"很多年以后，人们叫我登月者，因为我上过月球。其实我的身份，是一个旅行者。人生就是一次长长的旅行，只不过我走得比较远而已。远到了38万公里之外。但每当我看到月亮的时候，我仍然会像一个小孩子那样激动，因为我曾经在那上面呆过——那是我人生中最美妙的经历之一。"

在2005年日本爱知世博会上，人们又一次看到了月亮石的身影!

月亮石从月球辗转来到地球，它的光芒使众多人间瑰宝黯然失色；月亮石从美国本土辗转来到日本大阪世博会美国馆，它的出现使世人对大阪世博会久久难以忘怀；月亮石从美国馆辗转而到日本馆，折射出世博会消弭国界、崇尚交流的特质。多年以后，月亮石又辗转出现在日本爱知世博会上，更是今天的人们在岁月流逝中对人类探索太空的纪念，对世界博览会事业的礼赞！

第7章

世博会与环保能源

人类经历工业文明的步伐是骄傲的、无所畏惧的，蒸汽机和电赋予人类超越肌肉的力量。曾几何时，当我们需要木材，就将森林踏在脚下；当我们需要矿产能源，就用机器将岩土切开；当我们的化工厂和造纸厂日夜忙碌时，昔日清澈的河流已是污浊不堪。如果我们愿意，还可以让山峦消失，让溪流改变方向。我们为自己无所不能的征服力而自豪。

历史终究翻过了这一页，工业文明进程留给人类的是一个满目疮痍的地球，环境与能源危机悄悄潜伏在我们的周围。20世纪70年代起，

1974年斯波坎世博会遗址——今天的斯波坎河

世博会的展示开始触及人类与自然和谐发展的主题。

一、谁动了我的家园——1974年斯波坎世博会环保命题感怀

1974年斯波坎世博会没有留下标志性建筑，也没有展出惊世骇俗的展品。我们为什么至今没有遗忘它？因为斯波坎世博会触及了国际社会面临的最严峻的问题——环境保护。在环保命题下，人类需要思考生存危机，需要反省生活方式，需要弥补很多很多。"6·5世界环境日"始自斯波坎世博会，并将一直延续下去。在环保命题下，我们一直感怀斯波坎世博会。

1. 回顾斯波坎世博会

1969年，位于美国华盛顿州东部的斯波坎市计划在1973年举办大型活动，以庆祝斯波坎建城100周年。为此，当地政府请咨询专家来评估一下庆祝计划的可行性。结合当地治理斯波坎河的强烈意愿，咨询报告建议百年庆祝活动推迟到1974年，举办一次以环境为主题的世界博览会。BIE（国际展览局）批准了1974年斯波坎环境世博会作为一次专业世博会。在世博会历史上，这是第一次也是唯一一次直接以"环保"作为世博会主题。

斯波坎是世博会历史上最小的举办城市。20世纪70年代时，斯波坎市人口只有18万（算上周边地区人口也只有25万）。有人曾质疑："你们没法在斯波坎举办世博会。"斯波坎人回答："我们可以。"后来的事实表明，斯波坎人果然做到了。美国政府对这届世博会的意义非常看重。1970年5月27日，美国出台了关于举办BIE框架下世界博览会的法律Public Law 91-269，明确了总统、国会和商务部关于举办世博会各自承担的工作。1972年10月28日，出台了美国参展斯波坎世博会的公共法律Public Law 92-598，主要要求商务部做好各方面评估，对政府参展资金设限最高不超过1 150万美元。BIE框架下的斯波坎世博会有了本国政府参展的法律保障。

1974年5月4日的世博会开幕庆典在斯波坎河边的歌剧院进行，10个参展国家和地区的代表出席。主办方隆重地向斯波坎河放归了1 974条鳟鱼，一方面表示1974年斯波坎建城百年纪念，一方面表示斯波坎河污染的治理使鳟鱼获得了重生。按照惯例，尼克松总统发表讲话。当他宣布开幕后，5万个彩色气球瞬时升空，烟花绽放，钟声

1974年斯波坎世博会带动了当地的环境治理

鸣响，世博会主题乐曲“相遇在河畔”(Meet Me By the River)同时奏起，10个参展国家和地区的旗帜冉冉升起。开幕日共有8.5万人前来参观。

美国和其他参展的10个国家和地区从各自的角度对“环保主题”进行了诠释。本届世博会最大的外国馆是苏联馆。在当时的国际环境下，出现在斯波坎的苏联馆是许多参观者在第一时间选择参观的展馆。苏联馆正门口摆放着列宁的巨大头像雕塑，至今，许多参观过斯波坎世博会的美国人仍对当年的苏联馆记忆犹新。苏联馆内展示了在环境保护和国土规划方面的成果。美国除了放映有关环境保护主题的立体电影外，还推出了占地1英亩的家庭花园来说明环保与日常生活之间的密切关系。主办方组织的一系列国际、国家和地方性的专题讨论会所产生的影响十分深远。

（上）斯博坎世博会使斯波坎河成为当地加拿大鹅的新家园
（下）联合国环境署首任主管莫利斯·斯特朗在世博会上发言

2. 加拿大鹅、日本金鱼与斯波坎鳟鱼

斯波坎世博会的选址意在体现美国人对治理斯波坎河的努力，美国馆设在河中Havermale Island岛上，世博园区在闭幕后成为独具特色、引人入胜的游乐园——“河滨公园”的核心。斯波坎河曾在当地工业发展时期遭到污染，水面上漂着泡沫，河边竖着牌子，上面写着：“河水已污染，请勿在此游泳！”本届世博会的建设，彻底治理了斯波坎河的污染。加拿大鹅是在北美洲广泛分布的水鸟之一，此前一直不愿在斯波坎栖息，当世博园建成后，这些敏感的生灵不请自到，在清冽的斯波坎河上筑巢安家了。

另外一段故事的主角是斯波坎河里的日本金鱼与斯波坎鳟鱼，显然，日本金鱼是“外来移民”，斯波坎鳟鱼是“当地居民”。斯波坎河的污染得到有效治理后，一些从日本进口的金鱼被人有意无意地投放进斯波坎河，这些美丽且昂贵的金鱼似乎非常喜欢这里。进入20世纪80年代后，日本金鱼繁殖的后代已不计其数，使斯波坎河水系的十几个大型湖泊成为日本金鱼的天下。原来生活在这些水域里的斯波坎鳟鱼由于无法与金鱼争食，结果日益减少。人们终于意识到要对这些喧宾夺主的金鱼加以限制，虽然人们采取了一些措施，诸如网捕、施用杀鱼剂等，但效果均不佳，人们只能望着那些美丽而无食用价值的金鱼发出无奈的感叹！斯波坎世博会以“环保”作为主题，而现实环境中发生的故事却给人们上了生动的一课。金鱼和鳟鱼的故事是世博会无意中留给后人的环境命题，让人们反思人与环境的关系，美丽的金鱼从另外的角度告诉人们：不要过分干扰大自然的布局。

3. 世界环境日始自斯波坎

联合国认可了斯波坎世博会在提高环境保护意识方

面的努力。人们不会忘记，1974年6月5日，在斯波坎世博会规定了第一个世界环境日，活动主题为“只有一个地球”，并且特别指定斯波坎世博会为第一个“世界环境日”庆祝活动的中心。联合国环境署首任主任莫利斯·斯特朗(Maurice Strong)在世博会环境会议上作了精彩的演讲。世界环境日的意义在于提醒全世界注意地球状况和人类活动对环境的危害，并使人们成为推动可持续发展和公平发展的积极行动者，使全人类拥有一个安全而繁荣的未来。联合国希望通过一年一度的“世界环境日”活动，在全世界范围内唤起广大公众的环保意识，从政治上提高各方对环保事务的重视并采取环保行动。

时至今日，每年的6月5日这一天，世界上许多国家的首脑和负责环境的官员都通过各种媒体和途径，表达本国的环保主张及对人类生存发展环境的看法，同时阐述自己的原则和立场。世界上不同国家和地区的人们，也会在这一天走上街头，或集会，或游行，或举办丰富多彩的活动，旨在呼吁人们关注人类生存环境，增强环保意识。许多学术团体也在这一天举办各种学术研讨活动，分析、探索人类生存环境的危机与解决途径。2008年6月5日，是自1974年以来的第35个“世界环境日”，世界各地举行了各种纪念“世界环境日”的活动。35年来，联合国环境规划署每年都提出一个“世界环境日”主题，并选择一个国家的一个城市来集中举办一系列国际性的环保活动。联合国系统和各国政府、团体也会在6月5日前后都举行有关认识和保护人类环境、消除公害等活动。

4. 历届“世界环境日”主题

一位知名的世博会专家曾这样说：每年的“世界环境日”，都是1974年斯波坎世博会精神的延续；每年“世界环境日”的主题，都是1974年斯波坎世博会理念的发展，是对环保科技发展提出的新命题。纵览历届“世界环境日”主旨，我们可以清晰地看到人们追求与环境和谐发展的每一个脚印。

历年联合国环境署确定的“世界环境日”主题：

1974年：只有一个地球（Only one Earth）

1975年：人类居住（Human Settlements）

1976年：水，生命的重要源泉（Water: Vital Resource for Life）

1977年：关注臭氧层破坏、水土流失、土壤退化和滥伐森林（Ozone Layer Envi-

联合国环境署标志

ronmental Concern; Lands Loss and Soil Degradation; Firewood)

1978年:没有破坏的发展(Development Without Destruction)

1979年:为了儿童的未来——没有破坏的发展(Only One Future for Our Children-Development Without Destruction)

1980年:新的十年,新的挑战——没有破坏的发展(A New Challenge for the New Decade: Development Without Destruction)

1981年:保护地下水和人类食物链,防治有毒化学品污染(Ground Water;Toxic Chemicals in Human Food Chains and Environmental Economics)

1982年:纪念斯德哥尔摩人类环境会议10周年——提高环保意识(Ten Years After Stockholm-Renewal of Environmental Concerns)

1983年:管理和处置有害废弃物,防治酸雨破坏和提高能源利用率(Managing and Disposing Hazardous Waste: Acid Rain and Energy)

1984年:沙漠化(Desertification)

1985年:青年、人口、环境(Youth,Population and the Environment)

1986年:环境与和平(A Tree for Peace)

1987年:环境与居住(Environment and Shelter: More Than A Roof)

1988年:保护环境、持续发展、公众参与(When People Put the Environment First,Development Will Last)

1989年:警惕全球变暖(Global Warming;Global Warning)

1990年:儿童与环境(Children and the Environment)

1991年:气候变化——需要全球合作(Climate Change. Need for Global Partnership)

1992年:只有一个地球——关心与共享(Only One Earth,Care and Share)

1993年:贫穷与环境——摆脱恶性循环(Poverty and the Environment-Breaking the Vicious Circle)

1994年:一个地球一个家庭(One Earth One Family)

1995年：各国人民联合起来，创造更加美好的世界（We the Peoples：United for the Global Environment）

1996年：我们的地球、居住地、家园（Our Earth，Our Habitat，Our Home）

1997年：为了地球上的生命（For Life on Earth）

1998年：为了地球的生命，拯救我们的海洋（For Life on Earth-Save Our Seas）

1999年：拯救地球就是拯救未来（Our Earth-Our Future-Just Save It！）

2000年：2000环境千年，行动起来（2000 The Environment Millennium-Time to Act）

2001年：世间万物 生命之网（Connect with the World Wide Web of Life）

2002年：让地球充满生机（Give Earth a Chance）

2003年：水——20亿人生于它（Water-Two Billion People are Dying for It）

2004年：海洋存亡，匹夫有责（Wanted！ Seas and Oceans -Dead or Alive）

2005年：营造绿色城市，呵护地球家园（Green Cities-Plan for the Plan）

2006年：莫使旱地变为沙漠（Deserts and Desertification-Don't Desert Drylands）

2007年：冰川消融，后果堪忧（Melting Ice-a Hot Topic）

2008年：促进低碳经济（Towards a Low Carbon Economy）

二、谁动了我的能源——1982年诺克斯维尔世博会能源危机叩问

能源是人类活动的物质基础。从某种意义上讲，人类社会的发展离不开优质能源的出现和先进能源技术的应用。在当今世界，能源的发展、能源的可持续利用，仍然是全球关注的生存命题，能源的竞争与维护几乎成了一切国际事务直接或间接的背景。20世纪70年代，美国尼克松总统成立了能源部，美国国会发布了对行驶车辆每小时55英里的速度限制，并且决定在1982年举办世博会历史上第一届以能源为主题的诺克斯维尔世博会，试图促进全社会对能源的生产、利用、开发和管理进行深度的思考。1982年诺克斯维尔世博会处在全球能源危机的大背景下，能源成为继环境之后又一个维系人类发展前途的命题，以能源作为主题的诺克斯维尔世博会再次奏响了时代的强音。

1982年诺克斯维尔世博会园区

1. 20世纪70年代的噩梦

20世纪70年代至80年代初，世界范围内共发生过两次能源危机。由于能源危机突出地表现在石油方面，所以实际上就是石油危机。两次石油危机都是石油供给突然人为减少，导致石油供需骤然失衡而造成的。在那个“噩梦”般的年代，西方工业国家的经济动力源被切断，各国经济停滞、物价飞涨、股市暴跌，这令国际投资者至今回想起来仍不寒而栗。

第一次石油危机发生于1973~1974年。这场危机源于阿拉伯世界同以色列由来已久的冲突。1973年10月，第4次中东战争爆发后，为打击以色列及其支持者，石油输出国组织（OPEC）决定停止对包括美国在内的西方国家输出石油。该组织中的阿拉伯成员国于当年12月宣布收回原油标价权，并将其基准原油价格从每桶3.011美元提高到每桶10.651美元，使国际市场上的石油价格因此而上涨了4倍，从每桶3美元涨到每桶12美元，从而引发了第二次世界大战之后最为严重的全球性经济危机。

第二次石油危机发生于1979~1980年。1978年底，世界上两个主要产油国伊朗和伊拉克开战，导致两国石油日产量锐减，从而引发了第二次石油危机。在这次危机中，两伊的石油产量从每天580万桶骤降到100万桶以下，全球石油市场上每天都有560万桶的缺口。油价在1979年开始暴涨，从当时每桶13美元猛增至1980年的每桶35美元。这种状况持续了半年多。虽然西方国家此前已经积累了一些应对能源危机的经验，但此次危机仍成为20世纪70年代末西方经济全面衰退的一个重要原因。

2. 回顾1982年诺克斯维尔世博会

当1982年诺克斯维尔世博会开幕的时候，第二次石油危机刚过去，给世界留下的伤痕还在隐隐作痛。有句中国名言叫做："痛则不通，通则不痛"。诺克斯维尔世博会主办方勇于直面能源带给世界的困扰，立下主题——能源：世界的原动力。选择诺克斯维尔作为世博会主办

诺克斯维尔世博会能源主题引起广泛关注

1982年诺克斯维尔世博会标志——太阳球

城市，还因为这一地区是美国能源研究的中心，著名的田纳西大学能源研究所坐落在此，与橡树岭国家原子能实验室和美国科学能源博物馆毗邻。事实证明，诺克斯维尔世博会共吸引了超过1 100万的参观人次，是同时期最具影响力的世博会。

本届世博会展示了大量新能源的利用方案，如太阳能、原子能等。美国馆介绍了美国在能源研究、生产和节能方面所取得的成绩，参观者还可以发表自己对能源的看法。美国石油公司特别介绍了页岩油的开采。为体现主题，世博园区建造了一个5 000平方英尺的太阳能采集器，负责世博会建筑的空调和热水供应。大部分国家的展示都围绕“能源”展开，日本展出的电脑用几种语言来介绍与能源有关的课题，联邦德国展示了核反应堆的模型，沙特阿拉伯展示了巨大的太阳能采集器，以中华人民共和国身份初次亮相的新中国在“中国馆”的布置中，也展示了中国的新能源技术，陈列在中国馆外的轻便、精致的太阳能热水器、太阳灶、太阳能航标灯、太阳能电围栏、沼气利用等吸引了许多人的目光，中国馆前每天都排着长长的等待参观的队伍。诺克斯维尔世博会极大地丰富了人类对自然能源利用的认识，警示人们：石油、煤等不可再生资源的利用终有枯竭的尽头，强化了人们对风能、太阳能、生物质能等连续型能源的关注。

3. 踏上“无所不能”的征途

自1980年代以来，人类对高效率地利用自然能进行了不懈地探索。在2005年日本爱知世博会上，全球航运业巨头北欧的华伦纽斯·威廉姆森（Wallenius Wilhelmsen）公司，展出了全球第一艘环保船只“奥塞勒”号的模型。“奥塞勒”集中体现了人类利用自然能源的宽阔视野，人

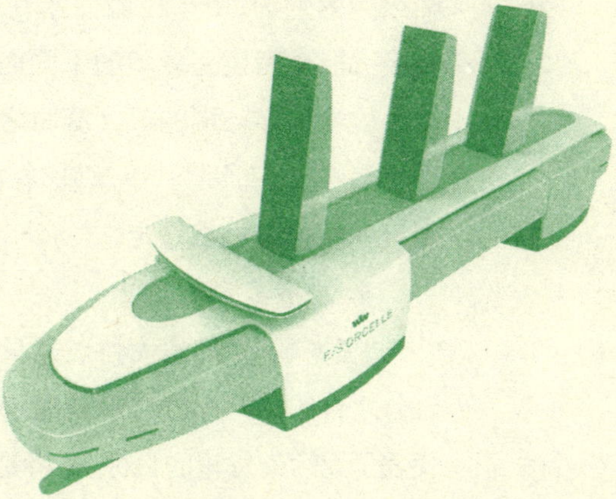

(左)诺克斯维尔世博会上展出的各种太阳能利用装置
(右)2005年爱知世博会上展出的环保货轮模型

类最终会用自己的智慧为自身的发展获取充足的能源。

这艘船只靠风能、太阳能及波浪动能推动，真可谓“无所不能”又不会释放有害物质污染环境。“奥塞勒”环保货轮的全称是“E.S.Orcelle”，其中“E.S”是“彻底环保型海船”的缩写，而“Orcelle”来自一种濒临灭绝物种“伊洛瓦底江海豚”的法语。

● 只排出水蒸气及热能

“奥塞勒”8层甲板加起来足足有14个标准足球场大，达到8.5万平方米，一次最多能运1万辆汽车。它不需要使用惯常的燃油或核能发动机，其船身两侧共12块好像海豚鳍板一样的物体会收集波浪能量，而船上3块表面装有太阳能电池的巨型“帆板”则被用来收集太阳能及风能。收集得到的风能、太阳能及波浪动能会转化为氢，并采用燃料电池技术产生无污染、可循环使用的能源，用这个方法产生的电力可以即时使用，或储存起来在风平浪静、阴天的日子使用以推动船只。“奥塞勒”整个动力产生过程释放出的唯一物质只是水蒸气，不像惯常的燃油或核能发动机会产生废气和放射性物质等副产品污染环境。

● 无压舱物能保海洋生态

另外，传统船只一般要把数千吨海水抽入船舱，作为稳定船只的压舱物。但多年来海洋学家都担心，被抽上来的海水很可能夹杂着濒临灭绝的生物，由于压舱海水在某地被抽进船内，其后要在千里之外释出，那些生物极可能会因生态环境的不同而死亡。国际海事组织(IMO)也认为压舱海水是对远洋水生物生存环境的最大威胁之一。然而"奥塞勒"设计独特，毋须携带压舱物，能保护海洋生态。因为"奥塞勒"在两边船身加装了形状类似于"水鳍"的安定翼，使得船只在航行时更加稳定。

20年后才能面世

"奥塞勒"号的最大特点是只用风能、太阳能、波浪动能以及燃料电池技术推动，百分之百环保。华伦纽斯·威廉姆森公司骄傲地表示："奥塞勒"号是航运业的未来，它代表了无污染货轮的目标，这将是人类历史上第一艘真正没有污染的船只，它将会保护大气层及海洋生物，进而改变全球航运业的生态，代表了这个行业的发展前景。

这艘代表着船舶业未来发展方向的环保货轮目前还仅存在于设计图纸上，只是一个概念，只具有一幅雏形，而且短期内很难变成现实。设计者表示："奥塞勒"将采用的环保技术会先逐一在其他船只上应用，"完全版"的"奥塞勒"号要到2025年才能投入服务。

我们期待着这一天的早日到来。

三、谁带我找回昔日的家园——2000年汉诺威世博会生态建筑追忆

今天，来自世界各地的游客踏上德国汉诺威火车站的站台，仍然会从广播里听到亲切的问候："欢迎来到世博会之城——汉诺威。"如同昨日再现，这动听的声音重新唤起了人们对2000年德国汉诺威世博会的美好记忆。

德国汉诺威世博会筹办机构委托威廉·麦克唐纳（William McDonough）建筑事务所指导2000年世博会的创意工作，由此确立了著名的"汉诺威原则"。在此原则指导下的汉诺威世博会世博建筑成就斐然，以塑造民族精神、体现国家文化、回应世博会"可持续发展"理念为特色的一批生态型展馆脱颖而出。

"汉诺威原则"内容如下：(1)坚持人与自然的权利在健康的、支持的、形式不同的和可持续的条件下共存；(2)认识相互依存。人的设计因素与自然世界互相作用，

并依赖自然世界，在每一个层面上都具有广阔的和多重的意义；(3)尊重精神与物质的关系。在精神和物质意识之间，根据目前的实际与未来发展的联系，考虑人类安居的所有方面，包括社区、居住、产业和贸易；(4)根据人的福利、自然体系的活力和两者的共存权利作出设计的决定，并对其结果负责；(5)创造具有长期使用价值的东西。不要因粗糙制作的作品、程序和标准给后代留下负担，诸如要求为潜在的危险提供维护或预警管理；(6)消除浪费的概念。对产品与生产过程的共存周期进行评估并最优化，使其接近自然体系的状态，消灭浪费；(7)依靠自然能源的流动。人类的设计应该如同自然的世界从永恒的太阳能量中获取它们的创造性力量，有效并安全地整合这个能源，并对其负责地加以利用；(8)理解设计的局限性。

1. 超级纸屋——日本馆

日本馆的设计不像有些建筑偏重于空间和形式上的表演，而是从结构和材料的特性出发来切合世博会的主题，关注环保和资源利用问题。日本馆采用经回收加工的纸料建成，拱筒形的结构由12.5厘米粗的纸筒网状交叉构成，弧曲屋面和墙身材料也是织物和纸膜。整个展馆

汉诺威世博会上的日本馆

长72米、宽35米，最高处达15.5米。在历时5个月的世博会后，日本馆被拆除，但其大部分材料都可以继续回收，投入再使用，续写动人的故事。它并不是一个最终产品，而是一个持续的过程，因而可以说，日本馆是传统建筑追求建造、拆除和再生过程的浓缩。

日本馆不仅体现了“人-自然-科技”的世博会主题，也再现了日本的文化传统和创新精神。基于日本传统的“天人合一”观念和对纸、木及其他自然材料的偏爱，该馆吸取了日本传统住屋中的障子，即木格纸门窗的意匠。白天，自然光经过半透明纸窗的过滤构成宜人的室内环境；夜晚，纸窗又是呈现神奇光影的“屏幕”。在世博会展馆这里，自然光透过防水的织物和纸膜构成的屋顶照射到室内，造成一片富有日本风情的空间环境。日本馆反映了日本人普遍具有的生态意识。这种建筑在日本已有先例。建筑师坂茂在日本曾设计了许多纸品建筑，最著名的是他在神户地震后为灾民建造的救济住房。在几个小时内就能建起的临时性纸屋竟非常牢固，被持续使用了5年之久。

2. 流动的土地——韩国馆

韩国馆是在对建筑和土地间关系进行深层考察后设计的杰作。韩国文化中自古有崇拜大地和自然的传统，而且也在调和建筑与自然之间关系的手法上积累了丰富的经验。但是在科技发展迅速的今天，人们正面临着这样的窘境：人类以技术将土地改造成了人工的土地，现在和将来又要用技术在这一片人工的土地上努力寻回昔日的自然。人们是否可以拥有新的土地？而且在这样的土地上，不同的文化方式是否可以共存？

韩国传统建筑有底层架空于土地之上的习惯。世博会韩国馆的首层中也可以看出这种传统的影响。脱离了土地的韩国馆在整体上如同一只就要凌空而起的方舟，但它强烈的向上动势却又为单纯而颇显沉重的体量所束缚。这种矛盾反映了建筑和大地之间那种微妙复杂的关系。在人们眼中，韩国馆就像一条船，漂浮在流动的土地之上，无法离去，也无法固着。

这种欲离不能的矛盾贯穿了整个韩国馆的表现，处在世博会异彩纷呈的建筑中，营造出一种抽象的、半透明的空间，使得韩国馆用一种全新的方式彰显并传达出韩国文化对于自然环境的理解。

3. 飘动的云——葡萄牙馆

我们的世界已经被无数粗制滥造的“建筑”所摧毁，去创作一种在人-自然-技术之间建立平衡关系的建筑就是对我们环境保护的一个重大贡献。葡萄牙展馆的设计原则就是把建筑看作21世纪的重要资源，建筑本身也要以其品质作为一件重要的展品。

展馆由一个近乎方形的主体加上一个侧翼构成。一个带顶的U形廊道围合出一个室外广场并引导参观者步入展馆。由深红色砾三重铺装的前庭使人联想到具有葡萄牙传统的节日广场(Terreiro)，这种广场的意象也在室内得到呼应。展馆的室内空间是一个近乎封闭的方形大厅，在墙面2.2米处的横向划分是对葡萄牙北部城市中花园墙这种典型的都市空间边界的引用。由透光膜材覆盖的波浪型屋顶就像空中飘动的云朵，微微倾斜的室内地面使人有置身室外的感觉。

葡萄牙馆以赏心悦目的图景给人以葡萄牙文化和文明的印象，传统和现代、自然和人工材料的大胆结合也体现了富有传统意味同时又面向未来的葡萄牙人的追求。玫瑰色的大理石和刺目的黄色和深蓝色的瓷砖，混凝土墙裙挂着深灰色的可再生的木结构，又以铝合金嵌边，这种看似矛盾冲突的组合，正是葡萄牙人对环境思考的写照。

4. 地中海之心——西班牙馆

由塞维利亚建筑师克鲁茨和奥蒂茨设计的西班牙馆，初看起来像一个斗兽场，封闭的外观之内则是一个具有强烈地中海风情的室内广场。这个严格按生态要求设计的展馆不带有任何传统的展览成分，既自娱又自信地展示了西班牙建筑和造型艺术的最新品质。1998年克鲁茨和奥蒂茨在该馆的设计竞赛中夺标，设计构思惊人地简单：一个平地上带有酒吧的广场，其上有一个独立设置的回廊，再有一些辅助空间。

西班牙馆的外观，没有诱惑人心的挑逗，没有张扬高科技材料的部署，更没有雕塑般的表现力，而仅仅是一个斗兽场般坚固的方块，方块上有深邃的峡谷般的凹口。生态、自然、可再利用的软木围绕三面有自然裂纹的外墙，底层是灰蓝色的钢柱框架，形似“森林”。

整个展馆只在底层开口，没有明显的入口标志，如同大自然般含蓄。当人们步入2.5米高的入口进入展馆，面对的是一个富有地中海风情的世界，人们仿佛瞬间来到了西班牙，宽敞明亮的空间中有一个非对称的向上缩减的金字塔屋顶伸向天空，松木铺在地上，有几列白色的丁香和来自西班牙本土的大理石桌椅。有一点可以肯定，西班牙馆，这片“塞维利亚老城曲折的街巷”，在炎热的阳光下，引来成千上万的世博会参观者到此寻求荫凉，享受意料之外的地中海风情与丝丝凉意。

5. 大自然的迷宫——瑞士馆

在历届世博会中，瑞士都不曾像在2000年汉诺威世博会场址上以卒姆托设计的展馆这样，来真切地表达出瑞士性格。

这一四面开放、近乎露天的展馆，由12组共98堵木垛墙构成，每堵墙高达7米，有长有短，东西南北向组合出一些通道、内院和中庭。所有的木墙都由规格统一的方形木构成。这37 000块来自瑞士本土的松木条，彼此间的搭接仅借助于钢片弹簧，没有使用任何螺钉或其他粘结材料。在展览会结束后，这些木条可拆卸运回瑞士投入再使用。瑞士馆的设计给人以感官上的愉悦，它把空间、声响和各种展示充分融合在一起，营造出一个事件性的场所。从展览的第一天直到结束，随着参观的人群、季节、风和天气的变化，它会呈现出不同的姿态，给人以最真实的体验和感受。而所有这些都仿佛发生在一个音乐盒之中，迷宫似的结构开敞而通透，穿插着通道、内院和中厅。在这里，风、雨和阳光自由地进出，为参观者营造出不同的空间环境。

人们在这一开放式的方形木质迷宫中，可以感受到自然的空气、阳光、雨滴以及丰富的光影变化。屋顶上挑出的金属槽板在起到排水作用的同时，也标示出展馆的15个出入口。瑞士馆不仅仅是一个提供展示功能的外壳，而且从建筑本身的布局到其中的内涵表达，都力求探索一种供人丰富体验的场所氛围，人们在其中不仅可以嗅到树木的芳香，感触木材的肌理，还可以沉醉于美妙的音响、文学投影，品尝地道的瑞士美食。它既是一个可观的多媒体展示和虚拟空间，又是现实中情趣生活的体验场所，在喧闹欢庆的世博会中，这一简朴、静谧的迷宫给人们提供了一块“偏远的净土”，提示人们在以技术与理性去规范世界的同时，不要忘却人类原初的感知力，要用心去体验我们的世界，去看，去听，去闻，去触摸……

6. 环保三明治——荷兰馆

被称为“环保三明治”的荷兰馆，融合了荷兰典型的自然风景，从沙丘、暖房、森林、湖泊，直到户外小径，以及能够发电的屋顶风力公园。这一高40米的非同寻常的建筑是这届博览会中最高的展馆。

在展馆中，各种不同的自然风光纵向叠置，因而要求每一层都有不同的结构体

汉诺威世博会上的荷兰馆

系。建筑的底层是蓄水的沼泽地；二层为农业经济层，设有农作物园；三层被称为“牡蛎”，设有影视区；四层是一片森林，森林中可以办公或举行会议等，展示空气如何过滤、雾的形成等；五层和顶层是雨层和水层。这个占地不大、竖向叠摞的建筑来自世界上人口密度最高的国家，其内容、结构和能源利用设想间的紧密结合把自然化作一出出人意料、使人惊奇的剧目。

荷兰馆具备自给自足的能源和水循环系统。能源上，由顶层风车产生的电力提供照明用电，辐射热可以贮存在顶层的湖泊中，蒸发的池水又可作为冷却源，农作物园中的生物群和沼泽地中的植物提供其他热能。水循环系统也是一个自足封闭的体系，由水泵抽上顶层的水以喷泉的形式注入湖泊中，然后渗入五层的雨层，并流向四层的森林水幕，接着流向三层外墙以调节“牡蛎”的室温，然后作为二层植物的灌溉用水，最后渗入底层的沼泽地。

荷兰馆的设计充分考虑该届世博会“人-自然-科技”这一主题，把内容、形式和能源利用紧密结合，把自然竖向组合，创造了一个与传统建筑理念完全不同的具有演出风格的多层公园——一个新的自然空间。

7. 北欧松树林——芬兰馆

芬兰人总能在世博会上为世界呈现崭新的建筑景象。如1900年巴黎世博会上有格塞里乌斯-林德格兰-沙里宁的“三重奏”,1937年巴黎世博会和1992年塞维利亚世博会后,芬兰建筑师又在2000年汉诺威世博会上,以一个长方形的“木箱”运来了芬兰北部拉普兰地区的松树林。

芬兰是一片湖泊密布、森林茂密的国土,建筑师以松树林作为芬兰的象征,通过森林景观的塑造,把自然和技术巧妙地结合在一起。

芬兰馆是一个50米×30米的简洁建筑。在钢筋混凝土外墙上附着以经过特殊热处理的松木条,两端窄面外墙为玻璃墙,在入口处斜向内切入,邀引参观者进入。当人们经过一座小桥步入展厅后,面对的是一片欢快和富有创造力的土地。展馆由3个展厅构成,各个展厅之间有小桥连接。展馆内部种植了一片来自芬兰的白桦林,点缀着几个形态各异的巨石。穿过一片白桦林进入展厅,给人强烈的视觉印象。这些树都在12米至15米高,种植在芳草萋萋的土地上,通过四周的玻璃幕墙与周边相隔。从外边看,两侧四层高的展馆就像两个褐色的、被包裹着热处理的桦木盒子,为展览区疲惫的人群创造提供了一个平静放松的休憩场所。这是一片典型的芬兰风景,还有瀑布和音乐。人在柔软的森林小道上“梦”入远方。

8. 自然与神秘——基督教馆

德国两大基督教信仰团体在“世界广场”边建立了一个基督教展馆。它以“耶稣基督:昨天、今天与明天”为主题,既是一个宗教活动场所,也是一个普通人交往聚会的中心。在紧张而又活跃的世博会气氛下,这里像是一片与世隔绝的净土。

这一现代的基督教修道院中有教堂、回廊、地下墓室和塔楼。在世博会后,这一按照可持续发展原则设计建造的建筑,将用以修缮图林根州伏尔肯罗达修道院。整个基督教展馆采用3.4米柱网的钢结构,人们经过一个架在水池上的小桥步入内院,内院中有伸向天空的象征性塔楼。回廊墙体由双层玻璃构成,中间填充来自自然的和以技术手段制造的各种物件,竹子、木屑、煤块、磁带、牙刷、打火机等,这是对世博会主题的一种美妙的注解。基督教馆还可调节自然光,形成类似中世纪教堂中彩色玻璃窗所营造的那种特有的光环境,内墙是薄大理石挂板,在不同的气候条件下会赋予此宗教空间以不同的光感和空间效果。基督教馆的底层是墓室,弧线形的墙体、结合照明设计的柱顶构造以及圣像等，营造出独特而神秘的宗教空间气氛。

四、谁带我融入自然的睿智——2005年爱知世博会环保理念践行

日本2005年爱知世博会的主题是“自然的睿智”，提出的口号是“让地球充满微笑，让地球美梦成真，让地球光彩照人，让地球声形并茂”，宗旨是通过世博会提醒人们清醒地意识到目前各式各样的地球潜在危机，在21世纪的当今，倡导在全球范围内力求解决地球的可持续发展问题以及建立与自然和睦相处的社会。所以这届世博会还有个爱称——“爱·地球博览会”。

大兴土木常常会打破一个地方的宁静，生态环境一旦被破坏便再也回不去了。但因为有最先进的工程技术打底，爱知世博会园区建设负责人却敢保证，展会结束后，森林还是森林，池塘还是池塘，丘陵也还是

2005年爱知世博会吉祥物——森林爷爷和森林小子

丘陵，原始风光依然不变。主办国日本与世界各国对此都给予高度重视。世博会以最新的科学技术展现各国和各个民族与土地之间、与大自然之间的密切联系，以及在这种联系的基础上发展起来的文化和精神特点。这次世博会更是一次成功的生态技术和环保理念大展示的盛会。

1. 森林爷爷和森林小子的家园

● 森林移植

爱知世博会场址改造的原则是不动一草一木，选择场馆时尽量避免毁坏绿色的森林，即使有的地方不得已要占用原有的森林地带，也采用了移植的办法，让小片森林“搬家”到新的空地上。因此，爱知世博会的吉祥物“森林爷爷”和“森林小子”是来自森林的精灵，他们的森林家园完好地保存了下来。所以，在开幕式有迎请“森林爷爷”和“森林小子”的仪式，在闭幕式有欢送他们重新回到森林的仪式，象征本届世博

爱知世博园内自然木材质的人行路面

会不改变当地的丘陵、池塘、树木等，是一次人类与大自然的短暂的近距离交流。

● 环路弯曲

“全球环路”是一条人行道，为钢木高架结构。因为会场在丘陵地带，地面高低起伏很大，上下落差可能有几十米，所以就在空中造就了一条弯弯曲曲的类似我们的高架环路。“全球环路”弯曲的路线主要是为了避开池塘和一些珍稀动物的栖息地，是为了尽量不破坏森林，这样一个不规则的造型实际上是尊重自然的象征。“全球环路”所用的木材，一部分来自当地爱知县居民捐赠的其私人林地里的间伐木材，另外部分来自世博场址的木材。

● 木屑铺路

由于世博会场馆建在山丘地带，树木多，对未能保留的树木，砍伐后尽可能物尽其用，长达2.6公里的“全球环路”就是用木材铺设的；小直径的树干多根合束后作为展馆的机构柱子，或加工后作为外壁的装修材料。其他小尺寸木料则被粉碎成5厘米以下的木屑，放入模型后，用180℃的高压水蒸气加压约30分钟制成铺路用的地板。在压制过程中，木材所含纤维素的结晶构造发生变化，使木屑制成的地板有形状记忆能保持永久塑形。由于没用任何化学物质，材料只有天然的木材，是有益于环境的技术。

2. 大自然为你降温

● 喷雾降温

由于本届世博会展出时间主要在炎热的季节，大量观众要在露天活动或排队等候参观，为了抵挡日晒，举办者除在很多地方设置遮阳篷外，还广泛采用定点的喷雾冷却装置，如在“全球环路”上每隔一段的参观者休息点上方3.5米的高处装有喷雾设施，雾滴粒径为16微米，由于蒸发冷却，所以喷雾区内温度约比周边低1~2℃，其舒适性非常适合人体。

● 淋水降温

通过壁面淋水，可以改善建筑物周边的小气候，如三井东芝馆、三菱未来馆的外壁，均采用淋水遮阳方式。高达47米的“大地之塔”自上而下流淌一层薄薄的水幕，日立馆部分壁面构筑出类似“大瀑布”的景象，一方面可起到降温作用，另一方面也提升了景观的效果。屋顶淋水同样对减小室内冷负荷有良好的作用，为此在有些场馆的部分屋顶及室外顶棚材料上采用纳米二氧化钛的涂层，一方面可用于保持表面清洁，防止吸收热辐射；另一方面因其具有超亲水性而使洒上的水滴易于形成水膜，强化蒸发吸收的效果。

● 生命绿肺

世博会会场除保存原有的大量绿化外，还采用屋顶绿化、墙面绿化等设施。此外，还用装配化方式建设了许多垂直安装的“生命绿肺”（Bio-lung），有的高达4.5米、宽达150米，由小块单元植物模块装配而成，配有灌浇系统和盛土地面，这种专门开发的绿化壁可以方便地移植在所需的地方，这种“生命绿肺”是由日本20多家相关企业协作开发的。

● 大地降温

濑户日本馆防暑对策之一的“利用地热空调系统”也值得一提。在这个系统中，外部的空气通过埋在地下4.5米深的管道后得以降温，起到空调的作用，可以大幅度减轻空调机的负荷，并随之控制二氧化碳的排放量。不愧是“善待”地球的系统。

3. 没有什么可以丢弃

● 环保厕所

爱知世博会的会场设立有环保厕所，污水直接由微生物和臭氧处理，将排泄物直接处理成为清透的中水，中水可再用来冲厕所和灌溉植物。这样，既不向河流排放污水，在世博会期间还节约了1 000吨水。确保了每天达10万人次的游览环境纤尘不染、干干净净。

长久手日本馆旁的污水处理装置

● 垃圾分类

此次世博会的垃圾分类非常细致，每一个垃圾收集点通常有12个垃圾桶，垃圾被分成6大类：玻璃类、塑料类、纸屑类、果品类、金属易拉罐类、流质类，工作人员定时定点按照分类垃圾收集，根据它们的类别送往不同的地方，通过不同的处理流程及时循环和再利用，充分体现了“3R”(reduce、reuse、recycle——可降解、再利用、再循环)原则。人们随处可看到成排的透明垃圾箱，志愿人员指导游客按正确的方法把垃圾扔到不同的垃圾箱里。其中可燃垃圾焚烧发电，用作世博会照明供电，不可燃垃圾作为资源回收。

● 垃圾变能源

世博会每天都要接待大批游客，会场内的各式餐厅和各国特色小吃店内总是人头济济，这样必然产生大量的一次性餐具和其他垃圾，食品垃圾最大产生量是4.8吨/天。据爱知世博会组委会介绍，世博会会场计划使用25种大约12万个洗净后可循环使用的餐具和一次性洗净后可分解回收的简易餐具24种，总共2 400万个。另外，还将使用大约80万个生物材料制成的可分解回收的塑料垃圾袋，特别是生鲜厨房垃圾，采用这种垃圾袋可无需打开袋子而直接处理。食品垃圾经粉碎、加水和碱处理，变为浆状后装入发酵槽。据称，发酵沼气生成过程需要两周，食品垃圾全部由该系统进行处理。所生成的沼气作为燃料电池的燃料利用，剩下的渣液是优良的农田肥料。

4. 展馆的生态与生态的展馆

● 长久手日本馆

本届世博会可谓人类环保生活的大试验场。长久手日本馆作为主办国的展馆，建造理念表达了重新连接渐渐疏远的人类与自然的关系。长久手日本馆的外形犹如一个蚕茧状的巨大竹笼，这是受蛹、茧和地球大气层的启发而设计的。“竹笼”长90米、宽70米、高19米，构架是用竹子做的，外面的屋顶和墙体是纸做的，它可以使阳光变得柔和，保持展馆通风、凉爽宜人。竹子经过特殊的烟熏处理，克服了发霉、龟裂、虫害等弱点，重量轻，再利用性能优异；竹纤维的吸音性能和隔热性能优越；把竹子编成六股使用，则使整个建筑既美观大方，又坚韧牢固。“竹笼”材料全部可以再生利用，最后就作为学生教科书的用纸。这里应用了各种各样的新技术，包括最尖端技术的新能源系统，如降低空调负荷的竹笼、超亲水性光触媒钛钢板流水的降温屋顶、通过植物叶子蒸腾给周围带来清凉的绿化墙，以及可重归土壤的外墙和砖。

● 丰田馆

在爱知世博会几十个展馆中，几个日本著名企业展馆显得十分抢眼，展馆前往

爱知世博会上展出的太阳能装置

往会排起长队，参观者一般需要排队等候1个半小时才能进场。这一方面是因为这些展馆占据了展区最中央、最显眼的位置，另一方面则是因为其馆内高科技的展览内容极具趣味性，十分"有料"。其中最夸张的，就是需要提前6个小时排队预约的丰田馆。丰田馆充满了科幻感，展馆的主题是介绍21世纪"与地球共生的移动方式"、"全球规模移动的喜悦与梦想，移动之魅力"。高达30米的展馆外墙是利用旧报纸和树脂膜等材料制成的再生纸板建造的，外面的框架是钢结构。展馆内壁采用能吸收二氧化碳的植物材料——孟买麻，这种材料能够净化空气，提供一个舒适的环境。展馆的主体采用了可解体和再使用的钢铁构架，并使用最新的摩擦结合施工法建设，尽可能不开凿螺栓孔、不焊接，这样有利于钢架解体后的再次利用。

能源通常是展馆的一大问题，尤其是世博会将持续约半年之久，如何获取能源，准确地说如何在不破坏环境的前提下获取能源是展会面临的一大难题，也是建立未来循环型社会的重要课题。在解决展馆所需能源方面，世博会各展馆可谓是八仙过海、各显神通。虽采用各式各样的新系统，但无一例外的默契就是，都不会对环境造成污染和负担。在这方面，丰田公司的计划值得称道。丰田公司自2004年开始，便在离会场一定距离的爱知县田原市生产500 万千瓦时的电量，这也是丰田馆在世博会期间的大致用电量。实际上丰田所建的风力发电机并不直接向展馆送电，而是将田原所发电力出售给就近的系统电力公司，然后再由展馆从该电力公司接受供电。虽然这不是一种直接的供电形式，但也算是一次减轻环境负担的新尝试。

第8章

世博会与中国传统技艺

根植于中国劳动人民生活之中的传统技艺，其应用范围既包括中国56个民族丰富多彩的日用品、生产用具等实用物品，又包括用于抒情和叙事的工艺品，体现出生动质朴、刚健清新的民族特质，在世界享有盛誉。在中国古代，传统工艺为社会提供了大量的社会和生活所需，大到帝王的礼服、礼器，小到民间的嫁衣、绸扇。尤其是宫廷和庞大的官僚机构对高档工艺的需求曾极大地刺激了传统科技工艺的发展与生产，使金、玉、漆、木、丝织等行业的技艺达到登峰造极的水平。

晚清以后，西方生活用品如洋布、洋油灯、洋火、电灯、钟表等源源不断地输入中国，并逐步占领了中国大都市的市场。与此同时，中国传统工艺品在世博会这个舞台上绽放异彩，以细腻、考究、含蓄、传神的东方意蕴赢得了西方世界由衷的欣赏和赞誉。

一、酒香飘溢世博会——神秘的东方酿造技术

中国的酿造技术历史，比人们想象的还要久远。

考古学家在距今约9 000年的河南省舞阳县贾湖遗址，发现了以稻米、蜂蜜和水果为原料混合发酵而成的酒饮料的痕迹。美国宾夕法尼亚大学教授帕特里克·麦克戈文(Patrick Mc Gowan)对陶器碎片上遗留的沉淀物先后进行了气象色谱、液酱色谱等化学分析，得出最终的结论：这些陶器曾经盛放过以稻米、蜂蜜和水果为原料混合发酵而成的酒饮料。这是迄今为止人类古遗迹中发现酿造技术最早的记录。

自古以来，中国的文人墨客对酒多有褒扬，多少千古佳句都透着酒香。中华传统

百年张裕孕育东方酒香

酿造工艺精良，滋养着美酒文化源远流长。酒作为中国参展世博会的重要展品，让世界对中国的传统酿造技术有所领略；同时，酒香溢现的精良酿造工艺也为中国这个古老的东方古国增添了几分神秘。1915年在美国旧金山举办的巴拿马太平洋世博会上，各类中国酒让西方人赞不绝口，获得了很高评价和多项大奖。本篇挂一漏万地举几例略加说明。

1. 张弼士与张裕葡萄酒

根据历史记载，山东张裕酿酒公司曾在1915年美国旧金山巴拿马世博会上夺得甲级大奖。张裕酿酒公司创始人张振勋（1841~1916，字弼士）带着自己公司酿造的多种酒参展，公司所生产的白兰地、红葡萄、雷司令、琼瑶浆等葡萄酒分别荣获金质奖和最优等奖。当时，在法国葡萄酒誉满全球的年代，有谁会去注意一瓶来自东方的名不见经传的葡萄酒？面对冷冷清清的展台，张弼士决定主动出击。他拿起一瓶可雅白兰地向法国人莫纳走去。莫纳出生于酿酒世家，自己也是一位品酒高手。张弼士为莫纳斟上了一杯可雅白兰地，这位法国品酒师晃荡了一番杯中的酒，酒色金黄透明，酒质醇厚，抿上一口，顿感满口幽香。

张裕葡萄酒创始人——张弼士雕像

莫纳惊讶之余赶忙询问酒的产地，张弼士悠然一笑，吐出四字“中国烟台”。中国张弼士的烟台葡萄酒顿时在整个会场上传开，一时间人人都争相前来品尝。

从此，张裕公司酿制的金奖白兰地闻名于世，1915年的获奖奖章被缩印在商标上，一直延用至今，张裕公司所在地烟台也被国际葡萄酒局授予“国际葡萄及葡萄酒城”称号。回顾历史，张裕葡萄酒的酿造过程，最早是移植、吸收西方先进的葡萄酒酿造技术，后经发扬提高，终于在以西方葡萄酒享誉全球的大背景下，成为代表东方特色的葡萄酒佳品。

早在1890年，张弼士已经是南洋华侨界举足轻重的人物，他在印尼雅加达出席法国领事举行的一次宴会时，就听到法国领事说，如果用山东烟台产的葡萄酿酒，酒味一定香醇，不亚于法国的白兰地，于是便萌发了在山东建立酒厂的念头。两年后，他赴烟台考察，并着手创办张裕葡萄酿酒公司。他投资300多万两白银，购地千亩，引进欧美葡萄良种进行栽植。在栽植良种的同时，他先后进口了当时最先进的酿酒设备，并高薪聘请法、意、德、奥等国的酿酒专家。就连当时奥地利驻烟台领事拔保也被邀请来担任该公司的酿酒工程师。经过近10年的苦心经营，公司初具规模。20世纪初，酒厂能生产红、白葡萄酒近20个品种，产品行销全国，与茅台酒并列，成为当时中国的八大名酒之一，从此“张裕”几乎成为中国葡萄酒的代名词。1912年，中华民国大总统孙中山先生为张裕葡萄酿酒公司题赠“品重醴泉”。

如今，张裕公司特设葡萄酒庄，让人们有机会了解葡萄酒酿造技术的各个环节以及工业化生产的全过程。人们可以在葡萄园休憩，采摘、品尝各种各样的葡萄；也可以观海听涛，或到生产线观看压榨、发酵、过滤、贮藏、包装等酿酒全过程。大酒窖是一座低于海平面1米多，深7米多，占地3 000多平方米的地下建筑，用于葡萄酒贮藏，被称为“亚洲第一大酒窖”。酒窖整体建筑宏伟壮观，拱洞幽深神秘，设计施工水平高超，历经百年而不渗不漏。酒窖里深藏着由小到大14种规格600多只贮满酒的橡木桶。这些大橡木桶制作于1908年，据说是用法国林茂山所产橡木制成。其中有三只大木桶足有两三人高，每只可以储藏红酒1.5万公升，如果一个人从20岁开始每天喝1斤，可以一直喝到104岁。

2. 张謇与颐生酒

这颐生酒来头可不小，清末南通状元张謇1903年出访日本时，就携带了颐生酿造公司出产的颐生酒。在1904年的日本大阪万国博览会上，颐生酒获得大会颁发的奖状以褒奖其酿造工艺，颐生酒名扬东方。在1906年的法国巴黎万国博览会上，颐生酒更一举夺得金牌，从此享誉世界。

回顾历史，颐生酒是中国近代有识之士发展民族实业的成功案例。颐生酒的酿造技术获得如此美誉，最重要的原因是它具有独特配方，并融合了多种酿酒工艺之长。

颐生酿造公司是张謇于1894年创办的。这一年发生的事情不仅在中国历史上也在张謇本人的经历中都留下浓重的印迹。中日甲午战争，以中国倾力打造的北洋舰队全军覆没而告终，中国被迫签订《马关条约》。也正是在这一年，张謇中了状元，被钦点为翰林院修撰，卷入了主战派与主和派的政治斗争。两派酣斗之际，张謇因父丧回家乡守制去了，但他同时在思索如何振兴国家，一条“父实业，母教育”的思路逐渐清晰起来。他一方面大办实业，发展近代工业；一方面将所得利润兴办学校，倡导新学。他所创办的纱厂、油厂、面粉厂、发电厂，样样涉及国计民生，并且通过他的实践，有力地促进了中国近代工业的起步。唯独这颐生酿造公司，可说是无心插柳之举。1894年，张謇开办了一家垦牧公司，名叫“通海”。初垦土地宜种大麦、高粱等作物，而大麦、高粱又是酿造曲酒的好原料，于是他又在垦区海复镇创办了“颐生酿造公司”。凭着张謇的名声，工厂派遣了多位技术人员到各地酿酒厂取经，取长补短，加入独特配方，使颐生酒在1906年的巴黎万国博览会上一举夺魁。

此后，颐生酒的过硬品质和张謇的商业头脑以及其在政商两界的地位，使“颐生”品牌享誉中外。如今，颐生酿酒厂进行了大规模技术改造，使百年“老字号”绽放出新的光彩，重现昔日辉煌。2010年上海世博会申办期间，颐生酒的参与，重续了中国传统酿造产业与世博会的历史渊源。

3. 400多年历史的泸州老窖

泸州老窖特曲创始于明朝万历年间，距今已有400多年历史。1915年，泸州大曲酒参加美国旧金山巴拿马世博会，获国际名酒一等金质奖章和奖状。1916年至1926年间又相继获南洋劝业会一等奖章、上海博览会甲等奖状。

泸州老窖的历史，与源远流长的巴蜀酿酒技术密切相关。巴蜀人酿酒，从来就是自成体系并富有建树。北魏的贾思勰在《齐民要术·七·笨曲饼酒》中记载了巴蜀人的酿酒方法：“蜀人做酴酒，十二月朝，取流水五斗，渍小麦曲两斤，密泥封，至正月二月冻释，发漉去滓，但取汁三斗，谷米三斗，炊做饭，调强软合和，复密封数日，便热。合滓餐之，甘辛滑如甜酒味，不能醉人，人多啖温，温小暖而面热也。”

据记载，明末清初泸州舒姓武举，在陕西略阳担任军职，对当地曲酒十分欣赏，曾多方探求酿酒技艺和设备。清朝顺治十四年（公元1657年），他解甲还乡时，把当地的万年酒母、泥样等材料用竹篓装上，聘请当地技师，一起回到泸州，在城南选择一泥质适合做酒窖的地方，该地附近的“龙泉井”水清洌而甘甜，与窖泥相得益彰，于是开设酒坊，试制曲酒。这就是泸州的第一个酿酒作坊——舒聚源，也是现在泸州曲酒厂的前身。

传说在1873年的时候，中国洋务运动的代表张之洞出任四川的学政，他沿途饮酒作诗来到了泸州，刚上船，就闻到一股扑鼻的酒香，令他心旷神怡，于是请仆人给他打酒来。谁知仆人一去就是一个上午，日到中午，张之洞等得又饥又渴，才看见仆人慌慌张张抬着一坛酒一阵小跑而来。正在生气之间，仆人打开酒坛，一股酒香顿时沁人心脾，张之洞连说好酒、好酒，于是猛饮一口，顿觉甘甜清爽，气也消了。问道："你是从哪里打来的酒？"仆人回答："小人听说营沟头温永盛作坊里的酒最好，所以，小人穿过长长的酒巷到了最后一家温永盛作坊里买酒。"张之洞点头微笑："真是酒好不怕巷子深啊。"

国宝窖池是泸州老窖酿酒技术的摇篮，它是精选了城外五渡溪优质黄泥和凤凰山下龙泉井水掺和踩糅建成。经过几百年的连续酿酒，这些无数次经过酒液浸染、飘逸着浓郁窖香的老窖泥，已成为独有的富含各类有益微生物的庞大体系。窖泥以发酵液（黄水）为物质交换的载体，使养分、微生物在窖泥和糟中相互交融，暗暗生香，默默发酵，从而酿造出酒质醇厚的泸州老窖。1573国宝窖池是全国"老窖"最多、"窖龄"最长的唯一的老窖池群，人称中国第一窖，它集科学、文化、历史和经济等众多价值于一体，成为中国酿酒界乃至世界酿酒文明史上的一大奇迹。

4. 2 300多年历史的绍兴老酒

说到绍兴老酒，很多人会联想到鲁迅笔下咸亨酒店里一碟茴香豆、一碗老酒的生活场景。茴香豆就着绍兴酒，惬意地品尝人生，是令人神往的中国江南生活记忆。

在1910年南京南洋劝业会上，谦豫萃、沈永和酿制的绍兴酒获金奖；在1915年美国旧金山巴拿马世博会上，绍兴云集信记酒坊的绍兴酒获金奖；在1929年杭州西湖博览会上，沈永和绍兴酒获金奖；在1936年浙赣特产展览会上，绍兴酒又获金奖。新中国成立后，绍兴酒在国家历届评酒会上都获得过金奖。

绍兴老酒至少有2 300多年的历史，最初以作坊形式生产。它之所以历经2 300多年而且远行天下，全在于其严谨的制作环节和独特的酿制工艺。它必须经过泡米、蒸饭、前期发酵、压榨、煎酒（加热杀菌）、过滤、封存等步骤。传说，古代绍兴农民在田间劳作，吃不完家中送的饭，便将饭瓮随手挂在树上，有时忘记提回，几天后忽然想起，以为饭瓮中的饭一定霉烂变质了，然而打开瓮盖，一股扑鼻的香气喷涌而出。这样经过不断摸索、改进，香气四溢的绍兴美酒终于酿制而成。

绍兴酒古称"山阴甜酒"、"越酒"。南北朝梁元帝萧绎称："吾小时，夏日夕中绛纱蚊，中有银瓯一枚，贮山阴甜酒。卧读有时至晓，率以为常。"能得少年天子的喜爱，可见绍兴酒的魅力。到清乾隆年间，很多大酿坊就在各地开设了酒店、酒馆或酒庄。"王宝和"在上海小东门开设酒店，接着"高长兴"在杭州、上海开设酒馆，"章东明”除在上海、杭州各处开设酒行外，又在天津侯家后开设“金城明记”酒庄，专营北方批发业务，并专门供应北京同仁堂药店制药用酒，年销近万坛以上。清代袁枚的《随园食单》写到：“绍兴酒如清官廉吏，不掺一毫假，而其味方真又如名士耆英，长留人间，阅尽世故而其质愈厚。”

5. 茅台酒一掷振国威

这是一段每一个中国人都非常熟悉的故事，情节大致是这样的：

1912 年 3 月，中国政府收到美国总统塔夫托（William Howard Taft）发来的世博会参赛邀请书。其后，美国政府还派特使来华“劝中国官商赴赛”。当时的中华民国政府临时大总统袁世凯批示工商部筹办此事。1913年6月，成立筹备了“巴拿马赛会事务局”，由工商部、农林部、教育部、财政部协同筹备，各省也相继成立“赴赛出品协会”，负责征求产品。当时贵州省推荐了茅台“成义”、“荣和”两家作坊的样酒参展，以“茅台造酒公司”的名义，统称茅台酒送出。

在美国旧金山巴拿马世博会现场，身着长袍、梳着长辫子的中国人对西方人来说，是遥远和陌生的，用土陶罐盛装的参展品茅台酒无人问津。博览会即将结束，赴会的一位中国代表心生一计，佯装失手，摔坏了一瓶茅台酒，顿时酒香四溢，评委们一下子被吸引住了，经反复品尝后一致认定，“茅台酒”是世界上最好的白酒，于是向茅台酒补发了金奖（因为此前已评出金奖产品）。在国运不济、饱受欺凌的旧中国，茅台酒大长了国人的志气，这或许是人们更为接受这一故事的关键所在。

获奖之后，“成义”、“荣和”两家作坊为奖牌归属全力相争，官司从仁怀县商会一直打到贵州省公署。1918 年，省政府最后以折中的方式下达裁定书：获金奖的奖状、奖牌由仁怀县商会保存，“成义”、“荣和”两家作坊均可在其产品商标上冠以“巴拿马万国博览会金奖”字样，一场纷争方得消停。华、王两家为庆祝这次大奖各自封坛入窖存酒。

如今，茅台酒已成为中国顶尖国酒，其独特的酿造工艺赢得了世界的尊敬。

二、丝绸竞艳世博会——精美的中国织造工艺

中国丝绸以精湛的工艺和华美的质感在国外享有盛名。在古代世界，中国是最

中国传统丝绸业态示意

早开始种桑、养蚕、生产丝织品的国家。中国的丝绸渊源，可以追溯到遥远的新石器时代晚期。中国各地的考古发现表明，自商、周至战国时期，丝绸的生产技术已经发展到相当高的水平。

希腊人称中国为Seres，意为丝国。这是欧洲人对中国的第一印象，既表达了他们对丝绸的一种渴望，又显示了其对丝绸无可奈何的一种隔绝与陌生。在雅典卫城帕特农神庙的女神身上，在意大利那不勒斯博物馆收藏的酒神巴克科斯的女祭司像上，都可以看到希腊罗马时代人们穿着的丝绸服装。成千上万的中国人为这种产品而工作，但中国古代帝王却禁止任何一条桑蚕成虫外流。中国丝绸的秘密曾创造了无数美丽的传说。

在西方对中国展开想象的同时，中国也一直对西方充满了渴望。直到近代，中国丝绸的秘密早已不像当年那样神秘。丝绸并不是一种简单的豪华商品，也并不仅仅是罗马帝国所迷恋的一种珍品，它富含东方特色的生产工艺，向世界的传播和移植过程是非常缓慢的。丝绸生产作为一种传统工艺，实际上是中国在世界历史上强盛的象征。丝织品，连通了东西方，打开了不同文化的交流之门。中国的丝织品迄今仍是中国奉献给世界人民最重要的产品之一，它流传久远，涵盖了中国对世界文明的种种贡献。在参展世博会的历史中，丝绸是中国这个东方古国送展的首选展品。从中国"荣记湖丝"在1851年首届伦敦世博会亮相开始，丝绸织品贯穿了中国参展世博会的始终。如今，作为世界性商品的丝绸，更多承载着人们遥望过去的目光。

1. "荣记湖丝"与1851年伦敦世博会

"荣记湖丝"，讲述的是中国与世博会产生渊源的第一个故事，上海图书馆历史研究专家以史料证实了这个故事的真实性。一份由英国皇家协会于1852年出版的关于伦敦第一届世博会的文献报告，记载了中国商人徐荣村携带"荣记湖丝"参加展览并获奖的史实。此前，人们一直以为中国与世博会结缘是在1867年的巴黎世博会。

1851年，当第一届世博会在伦敦召开时，远在东方的王朝统治者正在为中国历史上最后一次旧式农民起义焦头烂额，更无暇向世界展示自己国民的"奇技淫巧"。不过，一群生意人以特有的商业敏感，使中国没有错失这次开创世博会历史的盛会。

商人徐荣村就是这一群生意人中的一位。他商业嗅觉灵敏，经营的湖丝质量上乘。当得知英国女王维多利亚向全世界广发英雄帖参加世博会的消息时，他立即挑选了12捆优质湖丝托运至英国。据他的后人记述，他本人并没有亲自去伦敦赴会。一开始，西方人对于包装粗劣的"荣记湖丝"并不看好，鲜有注目。幸运的是，第一届世博会持续时间长达半年之久，正所谓"路遥知马力"，优质的"荣记湖丝"渐渐崭露头角，褪去包装，西方人钟爱的中国蚕丝历经半年岁月仍然簇新质佳。在最后的工艺评奖中，它独获金、银奖，维多利亚女王亲自颁发奖牌，并赠"小飞人"画幅以示赞誉。首届世博会以其严谨而挑剔的眼光，最终没有忽略这来自中国的其貌不扬的生丝展品。

峰回路转，柳暗花明，"荣记湖丝"为徐荣村赢得了世界性荣誉，也为他招揽了许多生意。在徐氏家谱《北岭徐氏宗谱》中，这件事作为徐氏家族的重要事件记载了下来。没有想到的是，在150年后的公元2001年，"荣记湖丝"获奖的事实才进入公众视野，时代的发展让一件家族盛事转瞬成为中国与世博会历史渊源的珍贵记忆。

2. 历届世博会对中国丝绸工艺的赞誉

在世博会的历史上，主办国都以国家名义向世界各国发出参展邀请。当主办国邀请中国参展时，有时会专门要求中国选送丝绸。这本身就是世界对中国丝绸的一种承认，一种赞誉，一种尊敬。仅以江苏为例，我们就可对中国丝织工艺在世博会上的出色表现有所了解。

1915年美国巴拿马太平洋世博会

为参展1915年美国巴拿马太平洋世博会，1914年2月初，江苏省长行文各地商会，要求作准备。其函特别指出："以巴拿马赛会出品，我国绸业及丝业关于世界贸易最为著名，然应提前筹备，会同办理。"苏州总商会于1914年2月16日为征集丝绸展品，致函云锦、丝业两公所，并抄送省长原函。苏州丝、绸两业作出积极反应，精心挑选展品，并推举时任苏州总商会议董、杭恒宣纱缎庄业主杭筱轩为赴会代表。在巴拿

1915年巴拿马太平洋世博会中国展区(1)

马博览会上，送展苏州丝绸经美国一些资深丝商评定，被称为“极端之满意”，并被认为“此次丝样在美国市场上为最优之丝，即置欧洲市场，亦当为最优之丝，与意大利相颉颃，非日本之所能望项背！”日本自明治维新以后其蚕业初兴，对华丝急起直追，然在巴拿马博览会上日丝质量尚不敌江苏。评奖结果，江苏厂丝展品获大奖章1项、名誉奖章1项，其余悉为金牌奖，可谓皆大欢喜。

江苏省参展的绸品种类繁多，有薄绸、板绫、黑色素缎、摹本缎、漳绒、织锦、府绸、银素貂绒、文明纱等。外国同行对江苏绸品颇多赞赏，如对南京缎之评论为“颜色取其鲜艳，质地取其柔软”；称江宁织锦为“花色鲜妍，金纹艳丽，条分缕析，作领饰、袖饰、领带之用，最为美丽悦目”；称盛泽所产之素缎、纯经缎“皆为制衣服之佳料”；赞盛泽所产的薄绸和板绫为“丝织品中最佳之衣料”；褒扬苏州产的摹本缎为“花样悉仿外国最新花样织成，美丽悦目”，等等。

● 1921年美国纽约首届万国丝绸博览会

1921年美国纽约第一次举办万国丝绸博览会(International Silk Show)，主办方特别在1920年来电邀请我国丝绸业界与会。江浙皖丝经同业总公会作出积极响应，即行筹资1万两，并电请北京政府农商、财政两部拨款，给予经费补助。同时，在上海组成中国丝业代表团。代表团成员12名分别代表江苏丝厂业、东北柞蚕丝帮、山东灰丝帮和辑里湖丝帮。吴江县震泽镇辑里丝商、毕万茂丝经行少东毕康侯为正式代表。无锡锦记丝厂还派出8 名女工，作机器缫丝操作表演。

谈到这里，有一个历史的误会让我们至今有些遗憾。纽约万国丝绸博览会之前，中国丝绸界接到邀请书后委人翻译，译者仅将会名译成“万国丝茧博览会”，殊不知Silk除了丝茧之外还有丝绸的意思。出于误解，绸业界竟然没有产品参展，做绸业的实业家也没有人与会。直到布置展馆时看到别的国家绸缎展品才恍然大悟，当时中国驻纽约总领事四处奔波，向纽约华商、华侨借用国产丝绸用品，装点门面。

● 1923年美国纽约第二届万国丝绸博览会

1923年2月，美国又在纽约举办第二届万国丝绸博览会。美国驻华商会秘书鲁维斯于1922年专门致函苏州总商会：“来春2月，美国将有全球丝绸博览会开会，想苏省亦产丝(绸)首都，锦缎秀服久已驰名中外，况明清皇族衣服多由苏省制造，是特专函请加入，以襄盛举。并请搜集各种花缎丝绸以及各种文武官员古装等品运往陈列，藉增历史上之纪念。”上海总商会亦致函苏州总商会，对上届丝绸博览会国内无织品参展表示遗憾，函末以“力图奋斗以期突过从前之望”，彼此鼓励。苏州丝绸厂商积极响应，其中纱缎同业公会有同盛、王义丰、沈常泰、陶泰丰、施和记、裕昌顺洽记、夏源号等7家参加，送展纱、缎共36种；铁机丝织公会有振亚、经成、苏经、陆万昌、天孙、耀华、延龄、程裕源等8家参加，送展机织绸缎38种。

● 1926年美国费城世博会

1926年，美国借独立150周年之际，在费城举办国际博览会，中国也在受邀之列。此时，中国已参加过数次世博会，积累了一些经验，事先作了较充分的准备，并由官方和业界人士组成代表团。在世博会众多的获奖展品中，生丝大奖1项由无锡、上海、吴江、杭州、吴兴64家生丝厂商共得，绸缎大奖1项由上海老九纶绸缎局和美亚织绸厂、苏州振亚织物公司、吴江盛泽商会及杭州纬成公司5家共得。此外，上海中孚绢纺公司的绢织物、南京的织锦、常州的彩色绒线，分别获特别荣誉奖，为国争了光。

3. 杭州都锦生织锦工艺的世博佳话

织锦工艺是中国丝绸文化中的一项精品工艺。织锦是杭州的特色工艺，在唐朝已饮誉全国，被列为“贡品”。至宋代，除了官营丝织机构“织锦院”，规模不等的民间丝织坊在杭州城内外星罗棋布，后人常用“机杼之声，比户相闻”来生动描述当时锦缎生产之盛况。

“都锦生织锦”，是杭州著名的织锦之一。1922年爱国实业家都锦生在杭州创立“都锦生丝织厂”，都锦生织锦集古代杭锦之明秀、蜀锦之古朴、苏锦之文雅及云锦之豪放于一体，并采用了科学的纬起花工艺，自成一派，独具风格，富有浓郁的东方民族特色。都锦生精心研制出五彩锦绣、经纬起花丝织风景画等技术，博采国画和西洋画之优点，以丝织工艺体现出来。杭州都锦生所制的丝织人像栩栩如生，风景可与西湖风光媲美。1926年，杭州都锦生丝织厂代表杭州将本厂精心设计织造的丝绸、丝织画精品远渡重洋送至费城参加以纪念美国独立150周年为主题的国际博览会，在当地引起轰动。史料曾记载当时的情景：“壁上挂着的那幅唐伯虎古画织锦《宫妃夜游图》，人物栩栩如生，长袖带风，使众人连连惊呼，这真是东方文明的美妙珍品！”于是，独特的民族丝织工艺品征服了来自世界各国的贵宾。最终，都锦生古

新中国出展世博会的标志性建筑——中华门

画织锦《宫妃夜游图》一举获得了金质奖章，将中华民族独特的丝织文化推向了世界舞台，赢得了"东方艺术之花"的美誉。

4. 明代帝王龙袍重现现代世博会

这里所说的明代帝王龙袍，是指明代万历皇帝随葬的妆花纱龙袍的复制品。因为以古代的保存技术，对以动物蛋白为基质的丝织物绝对不可能保存四五百年以上。明代帝王龙袍的织造工艺，无疑代表了那个时代的至高水平，甚至以举国之力花费了几代人的心血。运用现代发展的丝织技术，以现代的效率去复制数百年前的珍品，是中国现代先进丝织工艺技术向世界展示的一份出色答卷。

1985年，这件复制的"孔雀羽织金妆花纱龙袍"，送日本筑波参加科技世博会，其先进工艺造就的精美奢华激起与会参观者的惊叹。迎光望去，祥云掩拥，红光缭绕，真是祥云一片，瑞气万千。龙袍上的龙遨游于江崖海水之上，翱翔于云海之间，气势磅礴，威武独尊。如今，这件现代"孔雀羽织金妆花纱龙袍"由中国美术珍宝馆收藏。

"孔雀羽织金妆花纱龙袍"原为定陵出土文物。定陵为明代万历皇帝朱翊钧的陵墓，1958年发掘，墓中出土了大量精美的殉葬品，其中丝织物就有300多件，其中不少是由当时南京的“内织染局”所织造。“孔雀羽织金妆花纱龙袍”刚出土时，色彩极为鲜艳，还保持原有风貌，但一离开墓室，色彩很快就褪变，到后来就炭化变质成褐色，只有金线还在闪烁发光。南京云锦研究所从1979年开始，通过多次试织，前后用了5年时间，终于将这件织造技艺早已失传的龙袍复制成功。妆花纱龙袍的复制成功，在国际社会上引起了很大反响。

这件龙袍料所用的材料不同一般，纱地用的是极细极韧的上品蚕丝。龙身则用孔雀羽毛线、真金线织成。这两种线都是价值贵重而稀罕的。复制时好不容易才找到孔雀羽毛，劈丝搓捻成线后，再和捻金线、各色彩绒一管一管地妆彩，一梭一梭地织造。历时5年终于织成了这件净重只有900克的镶金点翠、金碧辉煌的龙袍“织成”料。从对定陵出土文物龙袍的复制过程中，研究所对云锦的传统织造技法，纱罗组织与妆花相结合的织法，以及相应的挑花结本、机台装造等，都作了全面的研究。他们挖掘出早已失传的“妆花纱”的织造技艺，因而成功地再现了明代南京丝织精品的历史面貌。

三、茶韵传情世博会——独特的茶叶加工技艺

中国是世界上最早发现和利用茶的国家。相传早在4 700多年前的神农时期，我们的祖先就已经发现茶及其利用价值。茶叶最初为药用，医学文献中，茶疗秘方很多，成为医学上的财富。在漫长的历史中，茶由野生进化为人工栽培，由西南种植延伸到大江南北，由药用演变为饮品。

茶业通过贸易，开始从中国传向世界，并通过世博会广为扩大延伸。西方人对中国茶的迷恋，开创和发展了中西茶叶的贸易。与茶有关的技术包括优良茶树品种的培育，茶树生长地域环境的监测，采摘时机的把握，炒制过程的控制等，这些技术细节仅通过贸易往来是无法表达的。中国最早参展世博会并不是政府组织的官方行为，而是由与中西贸易有关的中外商人自发组织展品去参展的行为，茶叶作为热点贸易品，自然是不会被错过的。

1. 世博会之前欧洲的饮茶故事

早在明代万历35年（1607），荷兰海船便从爪哇来澳门贩运茶叶，约在1610年开

始转运欧洲，此后他们便凭借航海优势，将中国绿茶运回国内。这是西方人从东方殖民地转运茶叶的开始，也是中国向欧洲输出茶叶的开始。最初，中国茶叶在欧洲仅限于宫廷和豪门贵族享用，饮茶成为上流社会炫耀财富、附庸风雅的方式。有关旧时欧洲贵族的饮茶故事，而今只是我们的茶余谈资，却足以说明欧洲人对中国茶叶的迷恋。

英国查理二世（1660~1685）的王后卡瑟琳娜原本是一位葡萄牙公主，出嫁时将几箱中国红茶带到英国，不但自己饮，还宣传红茶的功能，并说自己饮茶后身材逐渐苗条起来，由此饮茶风尚在英国王室中流传开来。不但王宫内开设了气派豪华的茶室，一些贵族也群起效仿，在家中特辟茶室，以示高雅和时髦。据说在查理二世与卡瑟琳娜的婚礼上，面对美丽高贵的王后，许多王公贵族举起世界各地的名酒向王后祝贺，但王后均以微笑谢绝，只管举起她那盛满红色汁液的高脚杯与人碰杯。这杯中所装何物，人们费尽猜测，王后那神秘莫测的举动，引起参加婚礼的法国王后的极大好奇，她伺机靠近卡瑟琳娜，想亲口尝一尝那杯中的“琼浆玉液”，机敏过人的卡瑟琳娜早有察觉，未等对方启口便举杯一饮而尽，法国王后顿生妒意，回去后令侍卫官潜入英王宫，定要搞个水落石出。侍卫官发现卡瑟琳娜饮用的是中国红茶，便偷出少许想献给法国王后，不料出门时被发觉而遭逮捕，由此引发当时震惊英伦的“红茶窃案”。

法国大文豪巴尔扎克（1799~1850）经常在家举行茶会，他的朋友为此曾记叙说，大文豪招待客人的茶叶呈金黄色，装在堪察加木盒中，用薄纸严密包封。每逢亲友来赴茶会，巴尔扎克就介绍说，这些茶叶是中国皇帝送给俄国沙皇的，沙皇又赏赐给驻法使节，再由使节转赠与他。他又说，这些茶叶产在中国某省，一年只收几斤，并说这种茶是由中国最美丽的少女在旭日升起之前，唱着动人的歌曲，如跳舞一般运用手足来摘制，最后进京送给皇帝。巴尔扎克又说此茶不能多饮，饮三次必瞎一眼，饮六次必双目失明，故弄玄虚，神乎其神，怕客人多饮他这来之不易的中国茶。

2. 首届世博会上的中国茶

在1851年伦敦首届世博会上，各种茶叶在中国展品中占有重要地位。种类繁多的中国茶真是让欧洲普通百姓大开了眼界，茶树植物和茶叶的生产工艺也通过样品、模型、示意图的方式向公众展出。下面是首届世博会文献记载中有关中国茶的介绍，中国茶通过世博会表现的影响力可见一斑。

里普雷(P. W. Ripley)先生在中国广东专门为首届世博会搜集的茶叶可说是独一无二的，品种齐全，品质卓越，茶中含有罕见和昂贵的成分，还具有不小的科学研究价值。其中的一些品种在英国还从未见到过，一些品种在中国市场上的价格要比在英国市场上最昂贵的品种零售价还要高5倍多。一些品种经不起长途运输，加上博览会也缺乏合适的保存和展出条件，已经有所损坏。

展出的各种白毫茶，有一些在中国市场上能卖到50先令一包，而在英国市场上最高的价格大概也只有7先令。纯的白毫茶和橘味白毫茶在英国卖得不多，但作为旅行茶，却被富有的俄国家庭购买。最好的白毫茶不会销往海外，大多供中国官员饮用，因为在俄国出售的白毫茶尽管要加上每袋3~4先令的运输费，但在圣彼得堡的最高售价从未超过50先令。

功夫茶或宁阳茶主要出口到美洲市场。乌龙茶在加尔各答是最好的饮料，在英国尽管稍便宜些，但长途运输已经破坏了这种茶的口味。

就口感而言，没有比一种叫“官僚茶”的更好的了。这种茶仅经过短时的烘烤，在最佳的条件下略显潮湿，因此经不起长途运输和保存。在中国的富有人家，这种茶需求量很大，在当地市场上卖到20先令一包。

展品中还有各种中国劳动阶层饮用的茶，其中一些仅是粗糙的经日晒的叶子，(来自烟台)质量较好的茶叶被放在篮子或盒子里，出口到爪哇岛等地。

最后还展出了茶树本身，它的叶子、花、芽等的样品；展出了茶叶生产、包装、装运整个过程的模型和图画；用来闻茶香的器具和茶罐、茶杯等相关物品。

3. 中国茶享誉世博会

伴随参展世博会的历程，中国茶走过了一段享誉世界的历史。以1915年美国旧金山巴拿马世博会为例，来自中国各地的茶叶得到了充分的展示机会，并获得了广泛的赞誉。

● 江西浮梁功夫红茶

“商人重得轻别离，前月浮梁买茶去……”1 000多年前，白居易留下了一篇传世长诗《琵琶行》，使后人不仅记住了一个哀婉的故事，还记住了浮梁——一个著名的茶叶集散地。浮梁气候条件独特，茶园分布在气温适宜、无霜期长、降雨丰富、云雾多、湿

1915年巴拿马太平洋世博会中国展区(2)

度大、漫射光丰富的盆周山区和丘陵地区，是发展茶叶特色产品最适宜的地区。近代，功夫红茶制茶工艺传入。光绪八年(1882)，浮梁生产红茶3万担，宣统三年(1911)，生产红茶6万余箱，畅销国内外市场。

1915年，浮梁"天祥"茶号所制功夫红茶，在美国旧金山举行的巴拿马万国博览会上获得了金奖。

● 遂川狗牯脑茶

狗牯脑茶因产于江西遂川县汤湖镇境内的狗牯脑山而得名，始产于清嘉庆元年(1796)前后，至今已有200多年的历史。茶乡汤湖镇地处罗霄山脉南麓中段，属大井冈山区，这里山青水秀，气候独特，终年云雾缭绕，四季清泉不绝。《龙泉县志》记："狗牯脑茶始则小而量少，视为珍品，历来为贡品供帝王享用。"该茶因制作精细，色、香、味俱佳而受到人们青睐。

1915年，汤湖地方(时称三益乡)乡绅、木商兼茶商李玉山，将数斤狗牯脑茶叶送往美国旧金山巴拿马世博会参展，结果获得金质奖章和奖状。

● 贵州都匀毛尖茶

在1915年美国巴拿马世博会上，贵州不单有茅台酒获奖，其送展的都匀毛尖茶也以优良的品质获得优胜奖，被后人誉为"北有仁怀茅台酒，南有都匀毛尖茶"。

都匀毛尖茶是中国名茶，属绿茶类，生产历史悠久，早在明朝即为贡茶。都匀毛尖茶有着比较精细的传统加工工艺并且一直流传至今，加工出来的茶叶突出"毛"和"尖"两个根本特征，加工手法独特，技术精湛，原料极其考究，用手工炒制而成，讲究"火中取宝"、"一气呵成"。制成的毛尖茶翠绿滋润，毫毛满布，紧细卷曲，有一种特别的清香气，饮后生津口爽，余味悠长。现代科技分析表明，都匀毛尖茶含多酚类化合物高于一般茶叶10%左右，氨基酸含量也较高。

● 上海汪裕泰红茶

久负盛名的上海汪裕泰茶庄，是由安徽绩溪县上庄镇余川村人汪立政所开创。1915年，茶庄选送茶叶精品前往美国旧金山巴拿马世博会参展，荣获金奖。上海汪裕泰茶庄影响居上海茶业界之首。其茶叶品位提高，声誉渐著，业务扩展，主要归功于汪氏家族精良的制茶工艺。

汪氏注重培养专业人才，广摄茶货信息，潜心吸收国外新技术，既博采南北名茶，又设厂加工精制。茶厂除了引进日本先进的制茶设备，延聘日本专家指导加工外，汪氏还在制茶工艺中进行了诸多改革。

此外，江西协和昌珠兰茶精，南昌出口协会文虎牌茶，浙江惠明茶，河南信阳毛尖茶，福建宁德玉兰片花茶，建瓯闽北水仙茶，坦洋功夫茶，江西婺源"汪晋和"绿茶，上海茶叶会馆的地球牌、三星牌红茶，广西横县南山白毛茶，安徽太平县太平猴魁茶等，也都获得1915年巴拿马世博会奖章。

四、见证平凡的魅力——考究的中国传统制造

中国传统工艺品所选材质独到，加工慎之又慎，精心之至，非一般工艺加工所能比拟。工匠最大限度地利用和顺应材质本身的美感和属性，加以匠心独运的处理和安排，以求最充分地表现出人工与材质之间"巧夺天工"的综合美感。这是中国传统技艺追求的最高境界。与西方的大机器工业批量化、规格化生产工艺相比，中国

传统工艺作品的加工技术与施艺水平可谓达到极致，令人叹为观止。结合中华独特的民族气质和审美情趣，中国传统技艺作品深受西方的喜爱、推崇。

本节所列之雨伞、梳篦、剪刀，乃寻常人家日用器具，用工考究但浑然质朴；所举景泰蓝，亦是家庭普通装饰，气质高贵但使用平常。这些一个多世纪以前平凡的中国制造品，其中蕴含的中华传统工艺技术是那么悠长深邃，那么考究严谨，从而享誉世界。

1. 福州纸伞经得起世博会评委的检验

撑着油纸伞
独自彷徨在悠长
悠长又寂寥的雨巷
……

每当吟着戴望舒的《雨巷》，带着淡淡的感伤和怀旧情绪，老福州

1915年巴拿马太平洋世博会中国展区(3)

们一定会想起昔日福州的纸伞。油纸伞、江南的雨季、丁香一般幽怨的姑娘,连成了一幅绝美的画面。朦胧细雨中那一把把油纸伞,曾是福州街头一道流动的风景。如今又是雨季,油纸伞却只在我们的记忆中,是我们记忆深处的风景。

在福州,纸伞是人人乐于拥有之物,福州有一俗词叫"包袱伞",意思是出门时人人包袱中都带有伞。当年到老店里买伞,不是简单地看一下摸几下,付款提伞走人。老店的伙计们绝对做到童叟无欺,他们当面给你检验——

先把伞开起来给你看,迅速撑合十几下,十分干脆。要知道,纸伞里面装的短骨,两头有窟窿,连接伞面和伞柄,是伞的软肋,容易导致伞破裂。别看他只是开伞合伞,其实是做破坏性检验。但福州的纸伞就是经得起这种考验。第二步,是把伞撑开后,用手"嘭嘭嘭"重重地拍打伞面。这正如一块饱满的皮,下重手拍,肯定会松弛,或者破裂。但福州的纸伞还是丝毫没问题。接下来,小伙计会把伞旋转一下,扔到马路上,纸伞就像降落伞一样,因空气作用飘了出去,然后掉到地上,还会跳几下,然后倒下去,这种破坏性试验对"杨常利"伞依然丝毫无损。顾客看完这三个测试全过程,自然非常满意,买伞回家顺带向邻里乡亲介绍自己的这番见闻,下回自己再光顾时,又拉上了一帮客人。

1915年,在美国举办的巴拿马太平洋世博会上,福州城的小小纸伞获得了"优胜奖"殊荣。评委们用"破坏性检测"对各国伞的样品进行了一番评选。"杨常利"的"双喜牌"纸伞历经1 170次的反复收撑不起顶、不断线、不裂槽;经5级逆风吹而伞柄不折、伞骨完好;经长时间沸水浸泡而骨不脱、纸不烂,令在场人士叹为观止。

"杨常利"油纸伞因在美国世博会上的无限风光,名噪福州城。据老工艺人介绍,当年老板一回福州城,马上就把获奖金牌挂在了店门外的醒目位置。老福州们都知道,"杨常利"的纸伞除能挡风遮雨外,还能遮挡炎炎夏日,不发泡、不爆裂,倾盆大雨冲淋之下不脱骨,不漏水,伞面的图案色泽也丝毫不变。他们还在选料、上油、绘画等三道工序上形成自己独特的工艺风格,为全国纸伞之冠。

在今天福州的洋中路、中亭街,我们也许还能寻觅到福州"三宝"之一的纸伞在这里留下的痕迹。据载,福州的纸伞工艺技术,是五代时期王审知率兵南下入闽建立闽国的时候由中原和江浙一带传入的。到了清朝,福州的制伞业进入了繁荣期。最火的时候,这一带曾经是当时制伞艺人最集中的地方,制伞头的、制伞柄的、卖配料的，还有卖零部件（伞轨、伞幅）的有400多家商铺。

曾经的风景，经过沧海桑田的变迁，已经渐行渐远，新的繁华将使我们逐渐隐退关于纸伞的回忆。

2. 常州梳篦以独特制作登上世博会舞台

常州梳篦在1910年南洋劝业会上获农工商部颁发的金质奖章；在1915年美国旧金山巴拿马世博会上获银质奖章；在1915年农商部国货展览会上获金质奖章；在1921年上海总商会商品陈列所第一次展览会上获金质奖章；在1926年为纪念美国独立150周年而举办的费城世博会上获金质奖章……一次次获得殊荣，使常州梳篦声名远播。2002年12月3日，在举世瞩目的摩纳哥蒙特卡洛国际展览局2010年世博会举办地投票选举大会上，中国代表团将仿造1915年世博会获奖产品常州梳篦而制作的"竹节梳"赠送给各国官员，续写了常州梳篦与世界博览盛会的真挚情缘。

小小常州梳篦，何以承载如此盛誉？

明代关于常州西郊八景之一"文亨穿月、篦梁灯火"的记载，把运河畔篦箕巷的夜景描绘得栩栩如生。到清代乾隆时期，常州城中已是"削竹成篦、比户皆为"的景象。常州梳篦的制作工艺融汇了精湛的民族技艺，它用料精良，制作过程颇为讲究。制作梳篦的主要材料为毛竹、木材、兽骨等。其中，竹料主要取自苏南、浙西等地的优质阴山壮竹，产自这些地方的竹料不仅质地坚硬，而且富有韧性。竹节梳是常州梳篦中具有传统特色的梳种之一。因梳柄酷似竹节的造型、具有古朴的质感而得名。就是它，在1926年美国费城世博会上独领风骚，吸引了众人目光，一举获得金奖，并使梳篦这一兼具实用与审美特质的中国饰物焕发出东方古典的雅韵，为世人所瞩目。制作梳篦的木材主要是红木、枣木、石楠和黄杨等名贵树种。用黄杨制作的梳篦，因木质细腻、纹案清晰，尤为珍贵和流行。从开料到成品，一把木梳需经过28道工序，而一把篦箕则有72道半工序之多，其中极为讲究的雕、描、烫、刻、磨等工序需经传统工艺制作方法方能完成。

梳篦在世博会上的展出，不但展示了中国传统制作工序的精良考究，而且也将中华民族梳头养生的保健之道传向了世界。小小梳篦，成为传扬中华保健科学的载体。中国的梳头养生故事让西方女士惊诧不已。中国养生家将日常梳头当作自我保健之法和养生的重要手段，南北朝时著名医学家陶弘景认为：头当数栉、血流不滞、发根常竖。明人谢肇淛《五杂俎》亦载：梳为木齿丹，云：每日清晨梳千下，则固发去风，容颜悦泽。因此，梳子还得了个美名"木齿丹"。清宫的《起居注》记载，慈禧太后每天起床后的第一件事是让太监用特制的梳子为她长时间梳头，这使她在花甲之年仍保有满头秀发。

3. 张小泉剪刀的良钢精作博得世博会好评

张小泉剪刀在明末清初就已出名，乾隆年间被列入朝廷贡品，延续至今已有300多年历史。300多年来，历代张小泉的继承者一直恪守"良钢精作"的祖训，工善其事。

1910年，张小泉剪刀在第一次南洋劝业会上荣获银质奖，自此与世博会历史渊源不断。1915年，张小泉剪刀首度出现在美国巴拿马太平洋世博会的舞台上就荣获二等奖，从此产品远销南洋、欧美一带，门市每月平均销售大小各种剪刀计1万余把。1917年张氏将剪刀表面加工改为抛光镀镍后，产品更受顾客欢迎。1926年在纪念美国独立150周年而举办的费城国际博览会上，张小泉剪刀又获殊荣，赢得丁等银奖。1929年在中国首次举办的西湖博览会上再度荣获特等奖，从此"张小泉"品牌驰名中外。2006年5月20日，张小泉剪刀锻制技艺经国务院批准，列入第一批国家级非物质文化遗产名录。

当年，张小泉悉心研究铸造技艺，在打制剪刀中运用了"嵌钢"(又叫镶钢)工艺，形成张小泉剪刀的特色。张小泉及其后代经过长期实践，用智慧和心血总结出了含72道工序的剪刀制作工艺，其中有两道精湛而独特的制作工艺历经磨炼被延续下来：一是镶钢锻打技艺，不用生铁锻打剪刀，而选用浙江龙泉、云和的好钢镶嵌在熟铁上，经千锤百炼，制作成剪刀刃口，并采用镇江特产的质地极细的泥砖精心磨削，使剪刀光亮照人；二是剪刀表面的手工刻花技艺，造剪工匠在剪刀表面刻上西湖山水、飞禽走兽等纹样，画面栩栩如生，完美精巧。

张小泉剪刀以选料讲究、镶钢均匀、磨工精细、锋利异常、锁轴牢固、镀层光亮、开合和顺、刻花精巧、式样美观、经久耐用而著称，名扬海内外。"快似风走润如油，钢铁分明品种稠，裁剪江山成锦绣，杭州何止如并州。"这是我国杰出的剧作家田汉为张小泉剪刀写下的一首赞美诗。

4. 景泰蓝的高贵华美征服了世博会参观者

景泰蓝，历史上称为珐琅器，工艺上称为“铜胎掐丝珐琅”，是北京著名的传统特种工艺品。制作景泰蓝先要用紫铜制胎，再用扁细的铜丝在铜胎上粘出图案花纹，然后用不同色彩的珐琅釉料镶嵌填充在图案中。这道工序完成后才进行反复烧结，磨光镀金。可以说，景泰蓝的制作工艺既运用了青铜工艺，又利用了瓷器工艺，同时又大量引进了传统绘画和雕刻技艺，堪称中国传统工艺的集大成者。

在明代的景泰年间(1450~1457)，这项工艺已经十分成熟，尤其是蓝釉料有了新的突破，像蓝宝石般浓郁的宝蓝，高贵华美，所以被称为“景泰蓝”。在风格上，此时的景泰蓝工艺品不仅继承了明代景泰蓝的豪华、古典、雅致，而且也开始呈现出纤巧而绮丽的风格特征，镀金的技术已经远胜于明代，镀金厚重，愈显“圆润结实，金光灿烂”。清嘉庆初期，景泰蓝生产开始衰落，一直到道光年间(1821~1850)，留存下来的作品数量都不多。但此时，景泰蓝工艺品鲜明的民族风格开始引起西方人的注意，并得到了他们的青睐，景泰蓝工艺品开始作为重要的外销商品出口，这就使得景泰蓝的生产得到了一定程度的恢复和发展。在对外贸易的刺激下，除了官营珐琅作坊外，民间也纷纷开设了商号和店堂，如老天利、宝华生、静远堂、志远堂等，经营景泰蓝制品。

1904年，北京“老天利”制作的“宝鼎炉”惊现美国芝加哥世博会，其高贵华美的品质征服了参观者和挑剔的评委，获得了一等奖；在1915年的巴拿马太平洋世博会上再次获得一等奖。自此，北京景泰蓝在国际上声誉大振，各国客商纷纷前来订购。

参考文献

上海图书馆编：《中国与世博：历史记录》（1851~1940），上海科技文献出版社，2002年。

克劳德·塞尔旺和竹田一平：《国际级博览会影响研究》，上海科技文献出版社，2003年。

阿尔弗雷德·海勒：《文明的进程：世博会的发展与思考》，上海科技文献出版社，2003年。

高崎、夏楠：《汉诺威的记忆：世博会之旅》，同济大学出版社，2005年。

巢耀明：《大型博览会建设中生态环境的可持续发展——2005年日本爱知世博会的规划与建设》，《建筑学报》2004(12)。

方向东：《早期的博览会与博览建筑——伦敦“水晶宫”展厅》，《装饰》2005(8)。

沈之容：《摩天轮结构风振控制研究》（博士论文），同济大学，2006年。

《美国纺织工业科技发展之动向》，《江苏纺织》2000（4）。

[英]布卢姆斯伯里出版公司：《他们改变了商业》，北京中信出版社。

平野繁臣：《国际博览会历史事典》，内山工房，1999年。

Todd, Frank M., *The Story of the Exposition*, New York: G.F. Putnam's Sons and Knickerbocker Press, 1921.

Jindrich santar svetova vystava v bruselu, *Expo 58*, Statni nakladatelstvi krasne literatury a umeni, 1961.

Findling, John E., *Chicago's Great World's Fairs*, Manchester: Manchester University Press.

Roesch, Roberta Fleming, *World's Fairs: Yesterday, Today, Tomorrow*, New York: The John Day Company, 1962.

Hilton, Suzanne, *Here Today and Gone Tomorrow: the Story of World's Fairs and Expositions*, Philadelphia: Westminster Press, 1978.

Hach, Phila, *1982 official World's Fair cookbook*, Knoxville, Tenn. May-Oct 1982.

Rydell, Robert W., *All the World's a Fair, Visions of Empire at American International Expositions, 1876-1916*, Chicago, 1984.

Delery, Linda C., *1984 World's Fair, New Orleans: the official guidebook*, Picayune Pub., 1984.

Breitbart , Eric, *A world on display: photographs from the St. Louis World's Fair 1904*, University of New Mexico Press, 1997.

Federal Minister of Economics, *Report by the Federal Minister of Economics and Technology on the World Exposition Expo 2000 in Hanover*, May, 2001.

后记

搁笔，心犹未静，因为，世博会与科技的故事还远远没有讲完。

不知不觉间，上海的大街小巷隐约就有了世博会的影子。公园里神气灵动的2010年上海世博会吉祥物“海宝”，地铁站头飘扬的世博会标志旗，小姑娘胸前的世博会纪念章，挂在车里的世博会吉祥玉件，荡在手机上的世博会饰品小玩意儿……无不在提醒着这座城市的市民和这座城市里来自五湖四海的人们，这里将有一次为期半年的人类文明大聚会。

美好的城市和美好的生活，要靠科技来支撑、来装点、来打造。科技，无疑是2010年上海世博会上演精彩“剧幕”的基础。所有的中国人，对它都有一个美好的期盼。时代的脚步不会驻留，人类已经走过疯狂征服自然的阶段。2010年上海世博会的科技展示或有形或无形，需要我们用慧眼来解读，用心灵来感触，用头脑去思考。相信，不同的人仍然有不同的理解和收获。

让我们一起，一起守候在大幕开启之前，一起在历史的梳理中迎接未来。

由于时间仓促，本书在撰稿中难免存在疏漏，敬请海内外读者批评指正。

吴　敏

2009年元月

于上海图书馆

图书在版编目(CIP)数据

世博与科技/吴敏编著. —上海：东方出版中心，2009.4

ISBN 978-7-80186-978-4

Ⅰ. 世… Ⅱ. 吴… Ⅲ. ①博览会—概况—世界②科技成果—简介—世界 Ⅳ. G245 N11

中国版本图书馆 CIP 数据核字(2009)第 037322 号

世博与科技

出版发行：东方出版中心
地　　址：上海市仙霞路 345 号
电　　话：021-62417400
邮政编码：200336
经　　销：全国新华书店
印　　刷：昆山市亭林印刷有限责任公司
开　　本：710×1000 毫米　1/16
字　　数：200 千
印　　张：12.75
印　　数：0,001—5,100
版　　次：2009 年 4 月第 1 版第 1 次印刷
ISBN　978-7-80186-978-4
定　　价：38.00 元